KB199422

좋은
중국 하오차이나

나쁜
중국 화이차이나

북오션은 책에 관한 아이디어와 원고를 설레는 마음으로 기다리고 있습니다. 책으로 만들고 싶은 아이디어가 있으신 분은 이메일(bookrose@naver.com)로 간단한 개요와 취지, 연락처 등을 보내주세요. 머뭇거리지 말고 문을 두드리세요. 길이 열릴 것입니다.

좋은 중국 나쁜 중국

초판 1쇄 인쇄 | 2012년 11월 23일
초판 1쇄 발행 | 2012년 11월 30일

지은이 | 추정남
펴낸이 | 박영욱
펴낸곳 | 북오션

경영총괄 | 정희숙
책임편집 | 임은희
편집 | 이상모 · 주재명 · 권기우
마케팅 | 최석진
표지 디자인 | 최희선
본문 디자인 | 서정희
법률자문 | 법무법인 명율 대표 변호사 **안성용**

주 소 | 서울시 마포구 서교동 468-2번지
이메일 | bookrose@naver.com
트위터 | @Book_ocean
페이스북 | bookocean
카 페 | http://cafe.naver.com/bookrose
전 화 | 편집문의 : 02-325-5352   영업문의 : 02-322-6709
팩 스 | 02-3143-3964

출판신고번호 | 제313-2007-000197호

ISBN 978-89-93662-96-2 (03300)

*이 도서의 국립중앙도서관 출판시도서목록(CIP)은 e-CIP홈페이지(http://www.nl.go.kr/ecip)
와 국가자료공동목록시스템(http://www.nl.go.kr/kolisnet)에서 이용하실 수 있습니다.
(CIP제어번호 : CIP2012005044)

좋은 중국
하오차이나

추정남 아시아투데이 국제부 중화권 담당 지음

China Story

나쁜 중국
화이차이나

북오션

한국인의 10년 전 시각을 바로잡는 재미있는 차이나 스토리

'중국산'이라면 왠지 고개가 저어진다. '중국인'이라면 왠지 한수 아래로 보아진다. 인터넷에는 온통 중국발 요상한 기사들이 난무하고 댓글에는 '역시 중국'이라는 비웃음이 한가득이다. 그런데 정말 중국은 그런 나라일까? 한국인의 눈에 비친 그 모습이 중국의 전부인가?

알게 모르게 중국이라는 나라는 우리에게 너무 큰 영향을 준다. 〈신화통신〉에 중국 국내총생산^{GDP}, 소비자물가지수^{CPI}가 뜨자마자 채 10분도 지나지 않아 한국 언론 대부분이 이 기사를 받아쓴다. 중국이 금리를 오르락내리락할 때마다 우리 증시도 오르락내리락한다. 수천만 개미들은 중국 금융 당국이 내리는 결정을 주시하고 있다.

한국 산업계는 무서운 속도로 따라오는 중국 산업계에 '헉' 하고 놀란다. 짝퉁 국가 중국은 세계 최대 특허 출원국이라는 닉네임을 얻었고, 반도체와 휴대전화 등 한국이 강세를 보이던 산업에서조차 한국을 바짝 추격하고 있다.

'희토류' 사건으로 일본의 외교력을 힘없이 무너뜨렸던 중국은 경제의 힘으로 일본은 물론, 유럽과 미국 등 기존 선진국에까지 큰소리를 내고 있다. 세계 최강의 우주 기술과 군사력은 영토 분쟁으로 맞붙은 상대국에 큰 위협으로 작용하고 있다.

그러나 충칭시 전 당서기 보시라이 사건, 원저우 고속철 사고로 불거진 부패 문제, 자본에 의해 휘둘리는 사회주의 국가의 모습, 팍스콘 자살 사건과 개미족으로 드러난 중국 젊은이들의 생활, 류사오보^{인권 운동가}와 천광청^{인권 변호사}으로 이어진 인권 문제는 중국이 선진국으로 발돋움하기에는 아직 넘어야 할 산이 많다는 판단을 하게 했다.

하지만 중국은 요즘 이런 문제 또한 과거와는 다른 유연한 대처 방법을 쓰고 있다. 중국을 좌지우지하던 최고 권력자 보시라이를 공개적으로 자리에서 물러나게 했고, 고속철 사고와 관련해 원자바오 총리가 직접 나서 잘못을 시인했다. 팍스콘 공장 자살 사건으로 노동자 대우 문제가 불거지자 '세계의 공장'으로서의 저임금 메리트를 포기하고, 중국 전역의 임금을 일제히 올리기 시작했다. 최근 천광청 망명을 통해 인권 문제에서도 대화의 물꼬를 트는 등 변화하고 있다.

나는 이 책이 아직도 10년 전의 시각으로 중국을 판단하는 사람들에게 좀 더 쉽게 중국의 변화된 모습을 들여다보는 프리즘 역할을 하길 바란다. 13억 거대 중국의 맨얼굴과 G1을 향해 질주하는 저력을 균형 잡힌 시각으로 바라보는 전망서가 되었으면 한다.

끝으로 워킹맘으로 하고 싶은 일을 마음껏 할 수 있게 도와준 가족과 지인 분들께 감사의 말을 전한다.

2012년 11월, 추정남

Part 01 │기상천외 중국 _ 세상에 이런 일이!

Part 06 | 저력의 중국 _ G1을 향한 질주

part 01

기상천외 중국

_ 세상에 이런 일이!

1

웨이보에 한방 먹은 '명품녀 궈메이메이'

_ 인터넷 검열과 알 권리 사이

"나는 20세 홍십자회^{적십자} 상업 총경리. 10개가 넘는 에르메스 핸드백을 가지고 있으며 마세라티를 타고 다니죠. 호화 별장도 있어요."

2010년 6월 '궈메이메이 베이비' 라는 아이디를 쓰는 한 여성이 중국의 트위터인 '웨이보' 에 올려놓은 글이 파문을 일으켰다. 명품 옷을 입고 명품 핸드백을 들고 비즈니스석에 앉은 사진들까지 공개되자 네티즌들은 '인육 수색^{신상 털기}' 을 통해 그녀의 신상 정보를 캐내기 시작했다. 심지어 그날 궈메이메이가 탄 항공기의 편명, 좌석 번호, 비행 상태 등이 인터넷에 공개되어, 그 비행기의 출발이 지연되는 해프닝까지 벌어졌다.

몇만 명의 네티즌들이 잠을 자지 않고 컴퓨터 앞에 앉아 궈메이메

문제가 된 궈메이메이의 웨이보

이가 비행기에서 내리길 눈에 불을 켜고 있었기 때문이다.

네티즌들은 '나이가 20세인데 저 정도 씀씀이라면 재벌 2세 아니면 홍십자회 기금을 빼돌려 호화 생활을 하는 것'이라고 비난했다. 파문이 확산되자 홍십자회는 '상업 총경리라는 직책 자체가 없다'며 그녀와의 관련설을 부인했다.

그러나 네티즌들은 다시 '홍십자회 궈창장 부총재의 딸이 아니냐'고 의심했고, 궈 부총재는 즉각 '나는 딸이 없다'고 부인했지만 의혹의 눈길은 계속됐다. 네티즌들은 결국 그녀가 홍십자회 자산 관리를 책임져 온 보아이 자산관리회사 왕쥔 이사의 내연녀임을 밝혀냈다.

이 과정에 참여한 네티즌은 자그마치 1억 명에 달했다. 이 사건은 중국 정부가 통제하는 자선 기구 전반에 대한 불신으로까지 번졌다. 사건이 벌어진 이후 홍십자회로 들어온 기부금은 달랑 100위안. 우리 돈으로 1만 7,000원에 그쳤고 헌혈도 급감했다. 웨이보를 통해 부패에 대한 국민들의 단죄가 이뤄진 것이다.

인터넷 검열 '만리 방화벽'까지 깬 웨이보의 위력

중국판 트위터 '웨이보'는 2009년 8월 중국 최대 포털 사이트 '시나닷컴'에 의해 처음 시작됐다. 당시는 그리 큰 영향력을 가지지 못해 2010년 초까지 웨이보 가입자는 7,500만 명 정도였다.

그러나 스마트폰의 보급과 함께 상황은 크게 달라졌다. 2011년 말 웨이보 가입자는 3억 명을 넘어섰고 최근에는 5억 명에 육박하고 있다. 500% 이상 성장한 것이다.

웨이보는 중국 당국이 민감한 정보가 유입되는 것을 차단하기 위해 만들어 놓은 '인터넷 만리장성'까지 힘없이 무너뜨렸다. 순식간에 수백, 수만 명에게 자료가 퍼져 나가기 때문이다.

지난해 5월 고 김정일 북한 국방위원장이 중국을 찾았을 때 중국 언론이 보도하지 않고 해외 취재진도 찾아내지 못한 김 위원장의 동선을 잡아낸 것도 웨이보였다. 당시 웨이보에는 동북 장춘을 거쳐 쌍수성 양저우, 난징을 방문한 김 위원장의 움직임이 실시간으로 보도됐다.

중국 고속철 사고 이후 사실 규명에 대한 여론을 형성한 것도 웨이보였다. 당국의 보도 지침을 받고 기사를 내보내지 못한 기자들이

웨이보를 통해 울분을 토했고 학자들과 시민들이 이에 동조했다.

당시 한 기자는 웨이보에 '밤 10시쯤 대체 기사^{고속철 사고를 대신할}를 쓰라는 지시를 받았다. 너무 화가 나서 결국 울고 말았다'라는 글을 남겼는데 엄청난 반향을 불러일으켰다. 그러자 하나둘 정부의 보도 지침을 깨는 언론이 나오기 시작했고 관영 언론까지 정부에 등을 돌리는 계기가 됐다.

더욱이 웨이보는 해외 시장까지 사용자를 넓히고 있어 중국 내부의 일이 순식간에 해외로까지 퍼지는 통로가 된다.

2011년 말 웨이보 영어 버전의 사용자는 미국에서만 45만 명을 돌파했다. 특히 할리우드 배우 톰 크루즈와 빌 게이츠 마이크로소프트 설립자, 크리스틴 라가드르 국제통화기금 총재 등 유명인사들도 웨이보 회원임을 감안하면 그 영향력은 상상을 초월한다.

이 같은 상황에 부담을 느낀 중국 정부는 인터넷의 검열 범위를 웨이보로까지 넓히려 하고 있다. 그 수단으로 빼든 것이 웨이보 실명제다. 웨이보 실명제는 2011년 12월부터 베이징과 상하이 톈진, 광저우, 선전 등 대도시에서 시범 실시됐고, 2012년 6월 전국으로 확대됐다.

당국이 반발을 무릅쓰고 웨이보 실명제를 전국적으로 확대한 것은 2012년 가을 18차 당대회 때문이다. 정권 교체를 앞두고 있는 상황에서 '보시라이 전 충칭시 당서기 비리' 등 사회 안정을 해치는 사건들이 웨이보를 통해 급속히 확산되고 있기 때문이다.

공산당에게 중국판 트위터 '웨이보'는 어떤 의미?

중국판 트위터인 웨이보가 중국 여론 형성의 중심이 되면서 정부 권력을 감시하고 국민의 권익을 보호하는 민주주의의 선봉장으로 평가되고 있다.

웨이보의 영향력에 가장 신경을 쓰는 곳은 당연히 중국 정부다. 고속철 참사나 보시라이 비리 사건 등 큰 문제가 터질 때마다 웨이보의 영향력은 유감없이 발휘됐기 때문이다.

류치 전 베이징 공산당 당서기가 고속철 참사 이후 웨이보 운영사인 시나닷컴 본사를 방문해 '인터넷 거짓 정보 차단에 힘쓰라'고 경고한 뒤 '거짓 정보를 올리는 가입자들은 한 달 동안 웨이보 계정 이용을 정지한다'는 통지를 보낸 것도 그 영향력에 대한 거부감 때문이었다.

그러나 일부에선 사용자가 수억 명에 달하는 웨이보를 감시 대상에 올릴 경우 후폭풍을 감당하기 어렵다는 지적이 일면서 오히려 이를 중국 공산당의 개혁 수단으로 이용해야 한다는 목소리도 들린다.

당 기관지 〈인민일보〉가 고위 지도자들에게 웨이보를 적극 활용하라고 권고함은 물론 당에서도 웨이보를 국민과의 소통 수단으로 삼아야 한다는 주장이 일고 있다. 〈인민일보〉는 '웨이보는 정부가 국민들과 친해지는 좋은 수단이 될 수 있다'며 '관리들이 국민들이 이해할 수 있는 언어로 여론을 이끄는 것도 중요한 능력'이라고 지적했다. 또 '인터넷에서는 누구든 마이크를 가지고 있다'며 '당 간부들도 웨이보에서 진실을 말해야 한다'고 강조했다.

실제로 베이징 소방국은 웨이보에 가입해 재난 사고와 관련된 내용을 제공하고 있으며 이로 인해 하루 만에 10만 명이 넘는 팔로어를 모으기도 했다.

주권이 먼저냐, 알 권리가 먼저냐

중국 정부가 인터넷을 통제하는 것은 국가 체제를 유지하기 위해서다.

최근 발표한 〈중국 인터넷 상황백서〉에는 '민족 간에 문제를 일으키거나, 포르노·폭력·테러 등을 검열하는 것은 중국 여건에 비춰 적합할 뿐 아니라 국제 관행에도 부합한다'고 쓰여 있다.

글자 그대로 풀이하자면 맞는 이야기다.

중국지사 삼성경제연구원 자료에 따르면, 미국도 국가 보안을 위협하는 테러리즘, 인종주의 및 아동 학대, 포르노 등 사회적 혼란을 야기하는 인터넷 정보를 검열하고 있으며, '국민감정에 위배된다'는 이유로 알 카에다 조직의 동향을 방송하는 알자지라 방송국 관련 사이트의 정보를 통제하고 있다.

이란도 자국 문화 보호 차원에서 타종교 집단 관련 사이트를 폐쇄하고 있으며, 프랑스는 나치 물품을 경매하는 야후 경매 사이트의 폐쇄를 요구하기도 했다. 이를 근거로 중국 정부도 중국 내 인터넷 검색 엔진을 통해 유통되는 컨텐츠를 검열하는 행위는 순수한 내정이며, 미국이 호소와 비난할 권리는 있지만 간섭할 권리는 없다는 입장이다.

하지만 중국의 문제는 이러한 인터넷 통제가 국민의 알 권리와 인권 문제를 넘어 과도하게 적용되고 있다는 데 있다.

쓰촨 대지진으로 사망한 어린이 명단과 지진 시 학교가 붕괴된 이유가 부실 공사 때문이라는 자료를 인터넷에 게재했다가 '국가 권력 전복 기도' 혐의로 5년형을 받은 중국 환경운동가 탄쭈어런 씨의 사건이 단적인 예다.

BBC는 이 판결에 대해 '판결 하루 전에 중국 국무원 신문판공관실이 〈중국 인터넷 상황백서〉를 발표하고 '법에 따라 국민의 언론 자유를 보장한다'고 언급했지만 이것은 현실 상황과 매우 다른 것'이라고 꼬집었다.

2011년 7월 발생한 신장 위구르 유혈 시위 사태 때도 우루무치에는 인터넷과 국제 전화가 연결되지 않아 외신 기자들이 기사와 사진을 제대로 송고하지 못하는 상황이 벌어졌다. 또 중국에 불리한 내용을 차단하기 위해 정부가 트위터와 해외 동영상 사이트 접속도 차단했다.

톈안먼 민주화 운동 20주년 때도 상황은 마찬가지였다. 공안들이 톈안먼을 둘러싸고 일일이 기자들을 통제했고, 웹 사이트에서는 '톈안먼'이라는 단어가 전혀 검색되지 않았다.

톈안먼 민주화 운동을 주도해 해외에서 중국으로 돌아오지 못하거

나 감옥에 있는 진보 학자들은 '중국 당국이 바링허우[80后, 80년대 이후 출생자]

세대들에게 톈안먼 운동을 숨기고 사실을 왜곡하고 있다'며 '더 이상

의 알 권리 통제는 불가하며 우리는 인터넷을 통해 계속해서 사실을

알려 나갈 것'이라고 입을 모았다.

중국이 이같이 과도하게 인터넷을 통제하는 이유는 인터넷이 정권

을 전복시킬 수 있는 무기라 생각하고 있기 때문이다.

중국 국방부 산하 〈중국국방보〉는 사설에서 페이스북이나 유튜브,

트위터를 미국 등 서방 세력의 외교 무기로 묘사했다. 사설은 '신장

지역의 유혈 사태 때도 테러리스트들이 인터넷을 통해 사람들을 선

동해 국가 안정을 위협했다'며 '인터넷 검열은 꼭 필요한 것'이라 주

장했다.

2

생명이 돈이 되는 세상

_ '자식 셋 판 돈 700만 원'

2007년 학교를 그만두고 광둥성에서 아르바이트를 하던 리룽왕은 당시 15세였던 리잉에게 첫눈에 반했다.

따뜻하게 대해 주는 리룽왕이 싫지 않았던 리잉도 조금씩 마음이 움직였고 둘은 동거를 시작했다. 그러나 뜻하지 않게 임신을 하게 됐다. 너무 어린 나이였던 리잉은 낙태를 생각했지만 그녀의 낙태 소식을 들은 리룽왕의 어머니는 수술을 극구 말렸다. 모든 육아는 자신이 책임질 테니 아이를 출산하라고 했다.

결국 리잉은 수술을 포기하고 리룽왕의 고향으로 내려가 이듬해인 2008년 첫째 아이를 출산했다. 이후 아이는 리룽왕의 어머니인 친할머니에 의해 길러졌다.

출산 후 다시 광둥성으로 올라온 이들은 정해진 직업이 없는 상황에서 다시 둘째 아이를 갖게 됐다.

또 아이를 낳았지만 키울 능력이 없던 이들은 막막해졌다. 그러다 우연히 알게 된 부부에게서 아이가 필요하다는 이야기를 듣게 됐다. 3,000위안$^{약 53만 원}$을 줄 테니 아이를 달라는 것이었다. 키울 자신은 없었고 돈이 필요했던 이들은 둘째를 팔았다.

아이를 판 돈은 얼마 가지 않아 모두 써 버렸다. 다시 돈이 궁해진 이들은 고향에 있는 첫째 아이가 생각났다. 이들은 첫째 아이도 팔아 버릴 생각으로 고향으로 내려갔다. 아무것도 모르던 리룽왕의 어머니는 부모가 자식을 데리고 간다는 데 말릴 이유가 없었다. 그러나 광둥성으로 올라온 이들은 전문 브로커를 물색해 곧바로 첫째 아이를 3만 위안$^{약 537만 원}$에 넘겼다.

생명을 돈벌이로 인식하게 된 이들은 자식을 파는 만행을 이어 갔다. 연이어 낳은 셋째 아이마저 광둥성의 집주인에게 7,000위안$^{약 125만 원}$에 팔았고 그들의 방탕한 생활은 계속 이어졌다.

그러던 어느 날 리룽왕의 어머니에게서 연락이 왔다. 손자가 보고 싶으니 광둥성으로 가겠다는 통보였다.

다급해진 이들 부부는 갖가지 이유를 대며 차일피일 방문 일자를 미뤘다. 이상한 생각이 든 리룽왕의 어머니는 며느리를 계속 추궁했고 결국 아이를 판 것이 들통 났다.

분노한 리룽왕의 어머니는 이들 부부를 공안$^{중국의 인민 경찰}$에 신고했고, 곧바로 조사를 받게 됐다. 그러나 이들은 조금도 반성하는 기미를 보이지 않았다.

공안의 조사를 받고 있는 아이의 엄마 리잉

아이를 찾아야 한다며 우는 리룽왕의 어머니에게 리잉은 '아이를 원치 않으니 찾을 필요 없다' '언제쯤 집에 갈 수 있느냐' 는 말만 되풀이했다.

'폐지로 가는 한 자녀 정책'······ 신생아 매매 줄어들까?

중국에서 인신매매가 횡행하는 것은 뿌리 깊은 남아 선호 사상과 한 자녀 정책이 낳은 폐단이다.

남아 선호에 따른 유아 매매 성행과 성비 불균형, 호적이 없는 자녀 등 부작용이 많아지자 정부는 점차 이를 완화하는 방향으로 정책을 바꿔 나가고 있다.

일부 지방 정부는 첫째가 딸이면 둘째의 출산을 허용했고, 산시성 같은 경우 여성이 만 24세가 넘어 첫아이를 낳으면 30세 이후 둘째 아이를 낳을 수 있게 했다.

2011년 말 허난성에서는 외동아들과 외동딸이 결혼하는 경우에는 둘째 자녀까지 낳을 수 있게 했다. 사실상 한 자녀 정책 폐지나 다름없다. 최근 결혼하는 부부의 대부분이 외동이기 때문이다.

그러나 한 자녀 정책이 폐지된다고 신생아 매매가 줄어들까? 원인이 사라졌다고 현상까지 사라지는 것은 아니다. 또 다른 원인이 생기기 마련이다.

생명을 돈벌이로 보는 사람들이 생긴 것이 가장 큰 이유다. 특히 아이들을 먹여 살릴 능력이 없는 젊은 부부나 미혼모들에게 신생아는 검은 유혹과도 같다.

아기의 인권이 무시당하고 있는 것도 심각한 문제다. 최근 중국 산시성에서 7개월 된 산모를 '한 자녀 정책'을 위반했다는 이유로 공무원들이 끌고 가 강제로 낙태시킨 사건이 국제 사회의 공분을 불러일으켰다.

그러나 강제 낙태 문제는 최근의 일만이 아니다. 지난 2007년 광시 장족 자치구에서도 비슷한 일이 벌어졌다.

위린시 룽현의 3개 진에서 4,000여 명이 관공서를 습격하는 일이 있었는데 폭동의 이유가 바로 강제 낙태였다. 위린시 정부가 둘째 아이를 임신한 여자를 강제로 낙태시킨 데다 소득의 여러 배에 달하는 벌금을 책정해 납부하지 못하자 재산을 몰수했기 때문이다.

중국 출산 정책
'아직은 한 자녀'……
깊어 가는 '미래의 빵' 고민

중국 정부는 폐지할 듯 말 듯 하면서도 여전히 한 자녀 정책을 고수하고 있다. '미래의 빵'을 어떻게 조달할 것이냐의 문제 때문이다.

이런 점에서 리빈 중국 국가인구계획생육위원회 주임의 발언은 의미심장하다. 그는 최근 언론을 통해 '지난 30년간 산아제한으로 4억 명가량의 인구를 줄였으며 만약 이러한 정책을 시행하지 않았다면 중국인은 1인당 토지와 수자원, 에너지 사용량을 20%나 줄여야 했을 것'이라고 말했다.

특히 식량이 가장 큰 문제다. 식량은 안보 물자이기 때문에 식량 부족 사태가 심각해질 경우 국가 안보에 큰 영향을 끼칠 수 있으며, 인구 대국인 중국이 식량난을 겪는다면 세계의 식량 파동을 유발할 수도 있기 때문이다.

중국이 최근 '자국 내 식량 자급'을 선언한 것도 같은 맥락에서다. 이를 위해 중국은 2008년 4억 7,000만 톤이었던 곡물 생산량을 2020년까지 5억 4,000만 톤으로 끌어올리기로 하고 농업부 예산을 20% 증액시켰다.

그러나 아직 중국의 식량 자급률은 50%를 밑돌고 있으며 원자재 가격에 따라 곡물 가격이 요동치는 등 안정되지 못하는 양상을 보이고 있다.

물가 폭등이 더 큰 위험……
식량 쟁탈전

2012년 여름, 옥수수를 둘러싸고 다시 세계가 휘청거렸다. 미 중서부에 최악의 가뭄과 고온 현상이 이어지면서 옥수수 대란이 일어날 수 있다는 경고가 나왔기 때문이다.

사료용으로 쓰이는 옥수수 값이 급등하면 곡물 가격 상승이 전반적인 물가 상승을 주도하는 애그플레이션agflation이 발생할 수 있다. 물가 폭등으로 서민들의 생활이 팍팍해지는 것은 중국 정부가 가장 무서워하는 일이다.

게다가 중국은 매년 물난리와 가뭄을 겪는다. 이 때문에 식량 상황은 계속 악화되고 많은 곡물을 수입할 수밖에 없다. 중국이 곡물을 휩쓸어 가자 일본 등 다른 곡물 수입국들은 중국을 견제하기 위해 미국 곡물 업체 자체를 사들이고 있다. 최근 일본 종합 상사인 마루베니가 미국의 곡물 유통업체 가빌론을 인수한 것도 중국의 옥수수 수입을 겨냥한 것이다.

마루베니의 농산품 부문 책임자 다이스케 오카다는 '중국의 옥수수 수입량이 계속 늘어날 것'이라면서 '북미 지역이 중국 곡물 수요의 주요 공급지가 될 것이라는 점 때문에 가빌론 인수를 결정했다'고 밝혔다.

가격이 올라갈 것을 미리 예상한 글로벌 곡물 업체들도 마루베니처럼 미국 곡물 업체들을 인수해 몸집 불리기에 나서고 있다. 세계 최대 곡물 공급 창구가 될 미국 업체를 손에 넣고 곡물 공급 길목부터 차단하겠다는 의지의 표현이다.

시카고 농수산식품유통공사 컨소시엄^{AGC}에 따르면 지난해 북미 지역 곡물 기업 M&A^{인수 합병}는 42건으로 글로벌 금융 위기 직전인 2007년 19건에 비해 2배 이상 급증했다. 올해는 더 가속도가 붙어 5월까지 M&A된 기업만 26건에 달한다.

중국에 대한 견제가 심해지는 상황에서 인구가 자꾸 늘어나는 것은 중국 정부에 큰 위험 요소로 작용하고 있다. 그만큼 먹을 빵이 줄어들기 때문이다.

3

'신체 경매' 와 세대차

_ 바링허우 vs 지우링허우 '이유는 달라'

"저를 사 가세요. 가격은 500만 위안부터예요. 여자면 모두 OK."

"경매금은 모두 쓰촨 지진 피해를 돕는 데 쓸 거예요. 이 돈이면 튼튼한 학교 5채는 지을 수 있지 않을까요?"

지난 2008년 10만 명의 사망자를 낸 쓰촨 대지진 후 한 '바링허우^{80년대 출생자}'가 자신의 블로그에 올린 글이다. 작가로 알려진 친구이워라는 이 남성은 글과 함께 자신의 누드 사진 2장을 포함한 총 5장의 사진과 QQ^{메신저}, 휴대전화 번호까지 남겼다.

이 글은 게시한 지 2일 만에 20만 클릭을 기록했고 그의 블로그를 방문한 사람은 120만 명까지 늘어났다.

자신의 신체를 경매한다며 사진을 올린
친구이위

이 남성에서 연락한 재력녀도 적지 않았다. 대부분 나이가 35~40세 여성으로 직업은 기업 이사장과 전문직 여성이었다.

이 남성은 '경매가 500만 위안을 모두 재해 지역에 기부하면 당신에게 남는 것은 무엇이냐'는 기자의 질문에 '500만 위안을 기부할 수 있는 여성이라면 재산이 500만 위안뿐이겠느냐'며 오히려 기자에게 되물은 것으로 알려져, 이 남성이 자신을 경매한 진위를 두고 논란이 가열되기도 했다.

올 7월에도 비슷한 일이 발생했다. '지우링허우[90년대 출생자]'인 위엔위엔이라는 여대생이 자신의 나체를 공개하며 '첩으로 데려가 달라'고 인터넷에 글을 남긴 것이다. 이 여성은 '신장 165cm, 몸무게 47kg, 가슴 사이즈 38D'라고 적힌 팻말을 들고 찍은 상반신 노출 사진을 공개하고는 '돈 많은 남자들의 연락을 기다린다'고 밝혔다.

자신을 파는 데 다른 이유는 달지 않았다. 그저 돈 많은 남자와 만나 편안하게 살고 싶다는 것이 전부였다.

바링허우와 지우링허우······ '전통과 개방' '나와 국가' 사이에서 오락가락

'자신의 신체를 경매한다'는 문구로 봐서는 두 사건이 똑같은 듯 보이지만, 그 이유는 서로 다르다. 이는 80년대 출생자와 90년대 출생자를 뜻하는 바링허우와 지우링허우가 살아온 환경에 차이가 있기 때문이다.

바링허우 세대는 80년대 후반 태어난 사람들을 뜻한다. 2억 4,000만 명 정도로 추산되는 바링허우는 이제 부모님과 학교의 품에서 벗어나 대부분 사회로 진출했다. 이들은 똑같은 교과서로 공부하고 똑같은 영화를 보며 단일 전통 교육을 받은 가장 마지막 세대들이자 인터넷을 처음 사용하고, 처음으로 외래문화를 접한 개방의 첫 세대이기도 하다.

어린 시절 전통의 물결 속에 함께했지만 성장한 후에는 무수히 다른 세계관과 가치관 속에서 혼란을 겪었다. 그래서 이들은 '전통은 우리를 모르고 개방은 우리를 경시한다'고 말하기도 했다. 하지만 결국 이들은 전통과 개방 사이에서 몸부림치며 자신들을 중국 역사의 주인공 반열에 올려놨다.

왜냐하면 이들이 현재 외교 협상 테이블의 주인공이 됐고, 외국어

를 자유롭게 구사하며 세계와 소통하고, 그중 소황제^{외동으로 태어나 부모들이}
^{황제처럼 풍족하게 키운 자녀}라 불리던 사람들이 경영자로 발돋움했기 때문이다.

서구 문물을 받아들이며 '역적' 소리를 들었던 사람들은 공무원이
되어 중국의 정치와 경제·사회·문화를 이끌어 가고 있다. 그래서
이들에게는 '나'를 중시하는 개인주의 속에서도 '중국' '국가'라는
애국심이 뿌리 깊게 자리 잡고 있다. 즉, 돈에 자신을 팔면서도 '국
가를 위해' '더 큰 사회적 이익을 위해'라는 목소리를 내는 세대인
것이다.

90년대 출생인 지우링허우는 약간 다르다. 이들은 자신이 하고 싶
은 것이 최우선 선택 기준이다. 여기에 그럴싸한 이유를 갖다 붙이
지 않는다. 개성 강하고 대담하며 자기중심적이라는 특성도 있다.
전통의 영향보다는 개방 이후 서구의 문화가 이들에게 더 큰 영향을
미쳤기 때문이라는 분석이다.

카이스트 자살과 팍스콘 자살…… 공통점은?

바링허우로 통하는 중국의 20
대들은 한국의 20대와도 비슷
한 모습을 보인다.

한국의 명문대인 카이스트에
서 2011년 4명의 학생이 자살했다. '영재'라 불리며 1등만 고수해
왔지만 경쟁의 굴레 속에서 죽음을 택할 수밖에 없었던 이들의 자살
은 중국의 팍스콘 자살 사건과 양상이 유사하다.

2010년부터 계속된 팍스콘^{애플의 아이폰과 아이패드를 생산하는 공장} 자살을 사회 문제로 지적한 중국 언론들을 살펴보면 많은 중국 전문가들이 이들의 자살을 나이와 연관 지어 설명하고 있다.

이들은 개혁 개방으로 경제 발전이 본격화된 뒤 출생한 세대로, '한 가정 한 자녀 정책'에 의해 태어난 독생자였다. 또 처음으로 현대화된 교육 시스템의 혜택을 받고 자랐다. '샤오황디^{작은 황제}'라 불리며 자라난 이들은 부모의 끊임없는 사랑과 경제적 지원을 받았다. 이런 과정을 통해 자라난 소황제들은 경쟁 사회 속에 내던져지자 다중 성격을 가지게 된 것이다.

후베이대학 장즈민 교수는 신화통신에 '개인주의 성격이 강하지만 자존심이 세고, 쉽게 좌절하지만 열정도 있는 다중 성격의 세대'로 이들을 표현했다.

이들은 어린 시절부터 갖고 싶은 것이 있으면 무엇이든 얻을 수 있었던 환경에서 자라나 무분별한 소비 습관을 가지고 있다. 중국에서 최근 유행하는 신조어인 '월광족^{月光族, 한 달치 봉급을 그 달에 모두 써 버리는 사람들}' '카누^{卡奴, 카드의 노예}'는 모두 이들의 무분별한 소비 습관을 지적한 단어들이다. 개인주의 성격도 강하지만 남들에게 보여지는 체면과 자존심도 센 것이 이들의 특징이다.

거대한 팍스콘에 항거하려다 좌절하고 죽음을 택한 이들이 있는가 하면 이를 중국 전역의 연쇄 파업으로, 다시 임금 상승으로 이끌어 낸 이들도 있다.

연쇄 파업의 시작이었던 혼다자동차의 광둥성 포산 부품 공장에서 파업을 주도했던 사람은 24세의 젊은이 탄궈청이었다. 그와 함께 생산 라인을 세워 버린 노동자들도 90% 이상이 20대 젊은이들이다.

지금 한국 대학생들도 비슷한 과정을 겪어 왔다. 부모들의 과잉 보호 속에 체계적이고 풍부한 교육을 받았으며 부유하든 그렇지 않든 자식을 위해 아낌없이 투자하는 부모들 속에서 자랐다. 성격도 개인주의적이지만 남과의 경쟁에서 지지 않으려 하고, 자존심도 강하며, 잘못된 것을 바로잡으려는 열정은 있지만 쉽게 좌절하는 성격도 함께 가지고 있다.

즉, 이 두 집단의 자살이 나이를 포함해 젊은 세대의 한 단면을 보여 주는 것이 아닌가 하는 생각이 든다. 과거 부모 세대들은 아무리 힘든 조건에서도 견뎌내는 게 미덕이었지만 신세대들은 다르다. 이들은 삶의 질과 여유, 행복이라는 것이 생활의 주요 지표가 된다.

2011년에 연쇄 자살 사건이 발생한 팍스콘이 1996년 중국 선전 지역에 공장을 열 때만 해도 이곳은 한국의 삼성과 비견되는 최고의 직장이었다. 하루 세 끼 식사가 제공되고 임금 체불이 없었기 때문이다. 하루 종일 허리 펼 시간 없이 일만 해야 한다 해도 이곳은 그야말로 천국이었다.

그러나 약 15년이 지난 후 공장에 온 20대에게 이곳은 지옥과 같았다. 홍콩 〈사우스차이나 모닝포스트〉는 팍스콘 노동자의 말을 인용해 '기본급이 적기 때문에 잔업 수당이 필요하고 이를 위해선 일만 해야 한다. 그래서 할 수 있는 것이라곤 잠자는 것과 일하는 것 두 가지밖에 없다'고 이들이 처한 상황을 언급하기도 했다.

삶의 수준을 유지하기 위해 일정 정도의 돈이 필요했지만 그 돈을 벌기 위해 친구와 잠시 이야기 나누는 시간도, 물을 마시며 하늘을 보는 시간도 반납해야 했다.

상황은 다르지만 우리의 카이스트 학생들이 느꼈던 압박도 비슷했을 것이다. 경쟁자들을 이기기 위해서는 친구들과 이야기할 시간도, 하늘을 보며 물을 마시는 시간도, 그럴 여유도 없었던 것이다. 팍스콘 노동자들이 돈을 추구하듯 카이스트 학생들은 성적을 추구했지만 삶의 여유를 찾지 못하는 생활은 공통적으로 이들을 힘들게 했다.

달라진 사회 통념도 생각해 봐야 한다. 일이나 공부를 강요하는 것 자체가 인격 침해가 될 수 있는 세상이기 때문이다. 과거 부모들의 성장 시기에는 일이나 공부를 강요하는 것은 당연한 일이었다. 부모들은 오히려 '잡아 놓고' 공부를 시키는 선생님들을 선호하기까지 했고, 일부는 이를 위해 체벌이 필요하다면 허용하는 분위기였다.

그러나 최근 들어 달라진 분위기는 국내의 교육 전문가들 입을 통해 먼저 전달됐다.

카이스트 학생 자살 사건에 대해 조국 서울대 법학전문대학원 교수는 자신의 트위터를 통해 '학생을 '공부 기계'로 만들려고 수업료로 위협하며 비극을 낳게 한 장본인은 도의적 책임을 지고 물러나야 한다'고 밝혔다. 김기석 서울대 교육학과 교수도 페이스북을 통해 '세계 어느 대학이 학생을 죽음으로 몰아붙이며 최고 자리에 갈 수 있나. 어느 선생도 제자를 희생시키며 자신의 분별없는 목표에 근접

작업 환경 개선을 요구하며 시위를 벌이는 팍스콘 노동자들

할 수는 없다'고 지적했다.

　중국에서도 팍스콘 사건이 발생하자 이 공장의 주요 고객사인 애플과 델, HP는 팍스콘의 노동 환경 실태 조사에 들어갔다.

　사망자 중 한 사람이 34시간이나 연이어 일을 했다는 보도가 나왔고, 대부분의 직원들이 허리 펼 시간이 없을 정도로 업무 압박을 받았다는 증언이 잇따르자 인격 침해라는 여론이 들끓었다.

　팍스콘은 물론 중국 정부까지 나서서 변화를 주도했다. 팍스콘은 임금을 인상하고 직원들의 편의 시설과 복지에 힘쓰겠다고 약속했다. 정부도 전국의 최저 임금 인상을 주도하기에 이르렀다. 여론과 사회 통념이 '돈'과 함께 '인격'을 중시하는 쪽으로 변화한 결과라 할 수 있다.

4 뇌물 안 준 임산부의 최후

_ 중국 '관시의 세상에서 법치 국가로'

   임산부였던 류화는 출산 후 갑자기 항문 통증이 찾아왔다. 출산만큼 고통스러웠던지라 다시 의사를 불렀는데 기가 막힌 소리를 들었다.

   그녀의 항문에 꿰맨 자국이 나 있는 것이었다. 담당 의사는 '누가 이런 치료를 했냐'고 되묻기까지 했다. 알고 보니 그녀의 항문을 꿰맨 건 담당 간호사였다.

   남편은 문득 출산 전 일이 생각났다. 출산 전 병원을 찾은 류화 씨 남편은 간호사로부터 돈을 요구받았다. 출산 때 부인을 잘봐 주겠으니 수고비를 달라는 것이었다.

   당시 현금을 가지고 있지 않았던 남편은 우선 100위안^{약 1만 8,000원}을 건넨 뒤 '아이가 태어나면 1,000위안^{약 18만 원}을 더 주겠어요. 좀 잘봐 주세요'라는 말을 건넸다. 그러나 담당 간호사는 '또 그런 수작이야'라며 불만을 터뜨렸다.

수술한 아내 류화 씨를 바라보고 있는 남편

남편은 뇌물을 주지 않자 간호사가 부인의 항문을 꿰매 보복했다고 주장했다.

병원 측도 간호사가 수술을 한 것은 잘못이나 경험이 풍부한 간호사로 출산 전 임산부가 치질이 있다는 것을 알고 좋은 마음에서 무료로 했던 일이라고 변명했다. 그러나 남편은 '아내는 평소 치질이 없었다'고 맞섰고 분명 뇌물을 주지 않은 데 대한 보복 행위라며 처벌을 요구했다.

뇌물이 일반화된 사회

중국 최대 명절인 춘제^{설날}를 앞두고 중국 공산당 중앙기율검사위원회가 관리들에게 고서화나 골동품 같은 선물을 받지 못하도록 윤리 규정을 발표한 일이 있다. 선물을 가장한 뇌물이 일반화되고 있기 때문이다.

중국의 선물 문화는 '예의'라는 명목으로 수천 년을 이어 오던 관례다. 중국인들이 가장 중시하는 '관시^{인간관계}'를 유지하기 위해서라도 때에 맞춰 선물을 하는 것은 꼭 필요한 일 중 하나다.

최근 중국국가통계국의 자료에 따르면 중국의 상품 시장 규모는 연 8,000억 위안^{약 143조 원}인데 이 가운데 개인이 주고받는 선물은 약 5,000억 위안^{약 89조 원}, 단체 선물도 약 2,600억 위안^{약 46조 원} 규모에 달한다.

2011년 중국인들에게 뇌물이 얼마나 공공연한 일인지, 피해를 보는 사람들이 얼마나 많은지를 알 수 있는 일이 일어났다. 바로 '나는 뇌물을 줬다'라는 폭로 사이트가 폭발적 인기를 끈 것이다.

그해 6~7개의 유사한 사이트가 개설됐는데 방문한 네티즌이 10여만 명이고 총 2,000여 건의 제보가 올라왔다. 고급 담배를 건넨 조그마한 뇌물부터 450만 위안^{약 8억 원}에 달하는 거액을 바친 사례까지 제보 내용도 다양했다.

사이트 개설자인 아이디 '샤오샤오성'은 중국에 만연한 부정부패를 척결하기 위해서는 공안의 노력도 중요하지만 시민 스스로 부정부패를 고발하고 개선하는 노력을 보여야 한다며 사이트를 개설한 이유를 밝히기도 했다.

한 여론 조사에서는 네티즌들의 75%가 이 사이트에 대해 '개인이

'나는 뇌물을 줬다' 라는 뇌물 폭로 사이트

부정부패에 맞서 목소리를 낼 수 있는 공간이 필요하며, 사회적으로 꼭 필요한 일'이라고 답했다.

중국, '관시'가 지배하는 세상에서 '법치 국가'로

뇌물 폭로 사이트가 생기는 것을 보면 뇌물에 대한 중국인들의 생각도 점차 바뀌는 것을 알 수 있다. 정부에서도 여론을 반영해 '관시^{인간관계}'도 법의 테두리 안에서 이뤄져야 한다고 못을 박고 있다. 당국의 최근 행적을 보면 적어도 뇌물 사건에 대해서는 법치에 대한 강한 의지를 보이고 있는 것이다.

최근 중국에서 뇌물과 비리 사건이 연달아 터졌다. 가장 큰 사건은

역시 전 충칭시 서기였던 '보시라이 사건'이다. 그가 중견 재벌 다롄
스더그룹 쉬밍 회장 등에게서 받은 뇌물은 우리 돈으로 47억 원에 달
했다. 중국 재벌 순위 12위였던 쉬밍은 이 일로 재산을 전부 몰수당
하고 목숨까지 위험해질 수 있는 상황에 이르렀다.

외국 기업들도 뇌물을 주는 중국 문화에 녹아들었다. 나이키 마케
팅 담당자는 중국 프로축구 리그 협찬사 자격을 따내기 위해 축구계
인사들에게 19만 위안^{약 3,400만 원}을 제공하다 적발됐고, 할리우드 영화
제작사들도 중국에서 영화를 촬영하고 상영할 권리를 얻기 위해 뇌
물을 제공했다는 혐의로 조사를 받고 있다. 이들 미국 기업들은 그
동안 쌓아 왔던 신뢰가 무너졌을 뿐 아니라 거액의 벌금까지 내야 할
판이다.

사회 지도층 인사들의 뇌물 사건은 국민들의 비난과 원성을 사고
사회 불안으로까지 이어진다. 빈부 격차가 심한 중국에서 이러한 사
건은 위화감을 조성하기 때문이다.

이 때문에 정부 당국은 뇌물 사건에 대해서는 강력한 처벌을 원칙
으로 하고 있다. 최근에는 처벌을 강화하는 것은 물론이고 뇌물 수
수로 유죄 판결을 받은 피의자 명단까지 공개해 온라인으로 어디서
든지 확인할 수 있게 했다.

이 같은 정책은 중국 사회의 고질적인 병폐인 뇌물 수수 관행을 바
로잡자는 차원에서 이루어지는 것이지만 더 넓게는 중국 정부의 투
명한 일처리 의지를 보여 주는 대목이다. 중국은 이제 관시의 나라
에서 법치 국가로 변모하고 있다.

5

3년 만에 찾은 아들

_ 한 자녀 정책이 빚은 납치와 매매

"기억나요. 저 사람이 우리 아빠예요."

중국 후베이성 우한공항이 울음바다가 됐다. 유괴 당했던 아들 펑원러가 3년 만에 집으로 돌아왔기 때문이다.

수억 명의 네티즌들은 중국판 트위터인 '웨이보'로 이 장면을 보며 진한 눈물을 흘렸다.

펑원러 가족의 비극은 2008년 선전의 한 골목에서 시작됐다.

아들의 교육을 위해 내륙인 후베이성에서 선전으로 이사 온 펑씨 부부는 유아원이 위치한 광밍거리에 가게를 열었다. 장사도 잘되고 남부러울 것 없는 행복한 시간이었다.

그러던 어느 날 줄지어 오는 손님에 눈코 뜰 새 없이 바빴던 부부는 가게 앞에서 이웃집 아이와 놀고 있던 아들 펑원러가 사라진 것을 나중에야 알아챘다.

1시간이나 그 일대를 샅샅이 뒤졌지만 아들의 모습은 보이지 않았다. 110으로 실종 신고를 하려 했던 아버지는 '24시간이 지나야만 실종 신고를 할 수 있다'는 경찰관의 말에 한번 더 좌절했다. 하루 뒤 펑씨 부부는 다시 한 번 경찰을 찾았지만 이들은 아들 잃은 아버지의 아픔에 관심을 기울이지 않았다.

사업도 접은 채 아들 찾기에 전념하던 펑씨 부부는 어느 날 중국 사회과학원 위젠룽 교수가 시작한 실종 아동 캠페인을 알게 됐다. 길거리에서 구걸하는 어린이들의 사진을 휴대전화 카메라로 찍어 웨이보트위터에 올리면 부모들이 사진을 보고 아이를 찾는 운동이었다. 이후 이들의 하루 일과는 웨이보에 들어가 새로운 제보가 없는지 찾는 것으로 시작됐다.

어느 날 짱수성의 한 대학생으로부터 결정적인 제보 전화가 걸려왔다. 자신이 살고 있는 짱수성 피저우에서 비슷한 아이를 봤다며 사진을 올렸던 것이다. 사진을 본 펑씨 부부는 사진 속 아이가 3년 전 사라졌던 원러라는 확신을 가지게 됐다.

펑씨는 자신을 줄곧 도와줬던 기자 한 명과 선전 지역 공안을 데리고 피저우시로 향했고, 아들을 본 펑씨 부부는 그 자리에서 대성통곡을 하고 말았다. 3년 전 실종된 원러가 분명했다. 경찰 조사 결과 원러를 유괴한 남자는 '아들' 욕심에 유괴라는 범죄를 저지른 것으로 드러났으며, 원러는 유괴범의 부인에 의해 키워지고 있었다. 그러나 유괴범은 이미 암으로 사망한 뒤라 처벌이 불가능했다.

우한공항에서 3년 만에 조우한 펑원러 가족

남아 선호 심각······
'남아 납치, 여성 매매'

중국에서 유괴와 인신매매의 주요 원인은 앞서 언급한 남아 선호 사상과 한 자녀 정책 때문이다.

남아 선호 사상은 한국과 중국 등 유교 국가, 농본주의 국가에서는 일반적인 현상이라 인식돼 왔다. 시대가 바뀌면서 이런 현상이 점점 줄어들고 있지만 중국에서는 아직 뿌리 깊게 남아 있다. 실제 2011년에 태어난 남녀 아기의 성비는 118에 달한다. 여자 아기 100명당 남자 아기가 118명 태어난다는 말이다.

정상적인 성비가 103~107 사이라고 볼 때 심각한 수준이다. 남자 아기가 여자 아기보다 20% 가까이나 많이 태어나다 보니 2020년쯤 결혼을 못하는 남성은 2,400만 명에 이를 것이라는 전망도 나온다.

이 같은 이유로 중국에서 결혼하지 못한 남성들이 동남아 여성들을 납치해 매매하는 사건이 다반사로 발생한다. 실제로 중국 공안은 지난해 7월과 9월 사이 국경 지대에서 집중 단속을 실시했는데 남부 광서 지역에서 30건, 윈난성 지역에서 21건의 동남아 여성 매매 사건을 적발했다.

이들은 대부분 20~30대 여성들로 중국 대도시 부자와 결혼하게 해주겠다는 말에 속아 중국으로 왔으며 대략 2만~5만 위안^{약 350만 원 ~850만 원}에 매매됐다.

북한의 탈북 여성들도 매매의 대상이 되고 있다. 미 의회 산하 '의회-행정부 중국위원회'는 중국 내 탈북자 중 70% 가까이가 여성들이며 이들 여성 10명 가운데 9명이 인신매매되고 있다는 충격적인 보고서를 발표했다. 또한 중국과 북한의 국경 지대에 무국적 고아의 수가 최대 10만 명에 이르는데, 이들은 모두 탈북 여성들이 중국 남성들에게 팔려간 후 낳은 아이들이라는 것이다.

앞선 사례처럼 남아 선호 사상으로 인해 여자아이만 낳은 부부들에게 남아가 매매되는 사례도 많다.

지금은 처벌이 많이 완화됐지만 2010년까지만 해도 농촌에서는 첫째로 딸을 낳으면 둘째까지 낳는 것을 허용했다. 하지만 셋째 아이를 낳을 경우 3,800만 위안^{약 703만 원}의 벌금을 물리고 부모를 직장에서 내쫓았다.

그래서 첫째로 딸을 낳은 부부는 위험을 무릅쓰고 둘째, 셋째를 낳

느니 돈을 주고 아들을 사는 경우가 허다했다.

대놓고 아이들을 빼앗아 파는 경우도 있다. 후난성 샤오양시 룽후이현의 경우 지방 관리들이 한 자녀 정책을 위반한 부모가 벌금을 내지 못하자 아기를 빼앗아 고아원에 넘겼다. 이 아기들 중 일부는 미국과 네덜란드 등 해외로 입양됐고, 고아원은 1인당 3,000달러^{320만 원} 정도의 입양비를 챙겼다. 지방 관리들도 1,000위안^{16만 원}씩을 사례비로 받았다. 부모가 도시로 일하러 간 사이 외동아이를 빼앗아 미국으로 입양 보낸 사례도 있다.

중국 당국도 인신매매의 심각성을 인식하고 전담팀^{TF}을 만들어 전국 규모의 DNA데이터베이스를 구축하고, 주민의 신고를 받으면 경찰이 즉각 수사에 착수할 수 있도록 했다.

전담팀은 2011년 7월에 인신매매에 관련된 용의자 39명을 체포하면서 생후 10일밖에 안 된 유아부터 생후 7개월 사이의 아기 8명을 구했고, 이에 앞서서도 중국 14개 성에서 또 다른 인신매매 조직 관계자 330명을 체포했으며, 생후 10일에서 4개월 사이 아기 81명을 구출해 가시적인 성과를 내고 있다.

그러나 인신매매되는 아이들이 워낙 많다 보니 이 같은 노력에도 불구하고 구출되는 아이들의 숫자는 많지 않은 상황이다. 중국 당국은 유괴 등으로 실종되는 어린이가 연간 2,500명에 달하는 것으로 추산했지만 민간단체는 해마다 유괴되는 어린이가 20만 명은 될 것이라며 지난 10년간 미제로 남은 실종 사건만 60만 건이라고 발표했다.

'한 자녀 정책' 폐해……
원정 출산과 노인 국가

한 자녀 정책의 폐해는 이뿐이 아니다. 중국 본토 임산부들이 법망을 피해 해외에서 아기를 낳고 노인 인구가 증가하는 것도 큰 문제다. 최근 중국인들은 홍콩에서 원정 출산을 금지시키자 미국으로 발길을 돌리고 있다.

홍콩 당국은 최근 부모 모두 홍콩 국적이 아닐 경우 홍콩 내 출산을 전면 금지할 것임을 밝혔다. 이에 따라 2013년부터는 중국 본토 임산부의 홍콩 원정 출산은 원칙적으로 불가능하게 됐다.

홍콩 당국이 이 같은 조치를 내놓은 이유는 중국 임산부들이 산부인과 병실을 대거 차지해, 정작 홍콩 임산부들이 출산에 불편을 겪고 있기 때문이다. 또 부자나 특권층의 홍콩 원정 출산에 대한 비난 여론이 높아진 것도 부담으로 작용했다.

'20만 위안^{약 3,500만 원}을 투자해 980만 위안^{약 17억 5,000만 원} 가치를 가진 아메리칸 베이비를 얻으세요!'

유명 원정 출산 중개업체들이 내걸고 있는 광고 문구다. 해당 업체 중국지사 대표는 홍콩 원정 출산 전면 금지가 자신들에게 다시 부활의 기회를 줬다며 현재 홍보에 박차를 가하고 있다고 전했다.

미국 원정 출산의 장점은 상당히 많다. 산아제한과 관계없이 아기를 낳을 수 있고 미국 국적도 취득할 수 있다. 또 화교 우대 혜택을 누릴 수도 있다.

미국 산후조리센터는 최근 중국 임산부가 크게 늘어나자 중국어가 가능한 직원을 배치하는 등 고객 유치에 힘쓰고 있다. 또 미국령인 사이판에도 중국 임산부들로 넘쳐난다. 2009년 사이판에 중국인의 무비자 입국이 가능해진 이후 중국 임산부 수백 명이 매년 사이판으로 원정을 와 출산하고 있다.

이런 상황이라 외국에서 출산하려는 임산부들을 상대로 하는 원정 출산 중개업체가 우후죽순 생겨나고 있다.

그러나 업체는 알선과 소개만을 전담할 뿐 개인이 모든 경비를 부담해야 할 뿐 아니라 혜택이 기대에 못 미친다고 지적하는 경우도 많다.

상황이 심각해지면 중·미 양국의 관련 정책이 급속도로 변할 가능성도 있다. 또 국적을 획득했다고 해도 풍부한 자금과 안정적 일자리가 보장되지 않는 한 이민을 통한 미래는 불투명할 수밖에 없다.

노동 인구의 감소도 큰 문제다. 아기를 낳지 않음으로 인해 젊은이들이 사라진 중국은 이제 '노인 국가'라는 이야기까지 듣게 됐기 때문이다.

중국 노령화업무위원회 판공실은 2011년 말 현재 60세 이상 노인 인구가 1억 8,500만 명으로 총인구의 13.7%를 기록했다고 밝혔다. 이는 전년도 말보다 0.47% 높아진 것이다. 60세 이상 인구는 2020년에는 17%, 2030년 24%, 2040년 29%, 2050년 33%까지 늘어날 전망이다. 반면 14세 이하 인구는 1억 2,245만 명[16.6%]으로 10년 전보다 6.29%포인트 줄었다.

중국이 저임금 제조업 국가에서 첨단 분야 산업으로 국가 주요 산업군을 이동하는 계기가 될 것이라고 분석하는 사람들도 있지만, 세계 1위 인구 국가에서 나오는 노동력의 힘이 사라진 중국이 '바오빠 _{8%의 성장률 유지}'를 실현시킬 수 있을지에 대한 전망은 불투명하다.

특히 중국은 2012년 가을 18차 당대회를 통해 정권 교체를 앞두고 있는 시점이라 '바오빠'는 선택이 아니라 필수다. 목표로 한 성장률을 유지할 수 없을 경우 먹고살기 힘들어진 시민들이 소요를 일으킬 수도 있기 때문이다.

6

중국 고위급 부패 만상
_ '섹스 일기 한펑'과 '지퍼 시장 팡자위'

2010년 3월 중국 인터넷은 '고위급 관리의 섹스 일기'로 난리가 났다. 광시좡족 자치구 라이빈시 담배전매국장이었던 한펑이 여직원 다섯 명과 나눴던 '뜨거운 밤의 기록 145편'이 인터넷에 유포됐기 때문이다.

당시 인터넷에 폭로된 일기 앞부분에 '우연히 아내가 2년 전 상사와 수없이 부적절한 관계를 맺었던 것을 발견하고 복수를 위해 일기를 폭로한다'는 내용이 적혀 있었던 것으로 보아, 유포자는 여직원 다섯 명 중 한 명의 남편으로 추정됐다. 일기의 내용은 매우 적나라했다.

샤오탄이 저녁에 나랑 섹스를 하고 싶다고 했다. 그녀는 3일 후에 결혼식인데 나랑 이러고 있으니 그녀도 참 막사는 것 같다.

구워따호텔에 방을 잡았다.

드디어 양수홍과 성공했다. 샤오탄과도 잤다. 탄샹팡과도 섹스 파트너가 됐다. 지금은 모아오에게 작업 중이다. 올해는 여자 복이 많은 것 같다. 여자가 많아지면 건강을 조심해야지…….

네티즌들은 곧바로 '인육 검색^{신상 털기}'에 들어갔다. 얼마 지나지 않아 섹스 일기를 쓴 남성이 한펑이라는 게 밝혀졌고 상대 여성들도 하나둘 신상이 드러났다.
여기에는 섹스에 관한 내용뿐 아니라 뇌물과 접대를 받은 정황까지 드러나 있었다.

올해는 일을 잘 처리해서 수입이 20만 위안^{약 3,576만 원} 정도가 됐다. 다시 원래의 담배국에는 안 돌아가도 된다.

오후에 토지 경매에 참가했다. 33만 위엔^{약 5,900만 원}. 한몫 얻었다. 저녁에는 토지 경매 쪽에서 회식 자리를 마련해 함께 놀다가 노래방으로 2차를 갔다.

인터넷이 모두 한펑의 이야기로 시끄러워지자 당국도 가만히 있을 수만은 없었다. 곧 그에 대한 수사가 시작됐고 법원은 2010년 12월 14일 그를 뇌물수수죄로 기소했고 13년형을 선고했다. 또 개인 재

'섹스 일기'로 파문을 일으킨 라이빈시 담배전매국장 한펑

산 10만 위안^{약 1,780만 원}과 뇌물로 받은 69만 5,000위안^{약 1억 2,400만 원}을 몰수했다.

그러나 그의 사례는 축첩형 부패 관리의 전형으로 알려진 전 산시성 인민정치협상회의 팡자위 부주석에 비하면 새 발의 피에 불과하다.

산시성 바오지시 한 공장에서 부공장장을 맡고 있던 팡자위는 1994년 바오지 시장에 당선된 후 자신에게 굴욕을 줬던 공장장 리스민에게 복수하기 위해 그의 부인인 쩡첸을 겁탈하고 첩으로 만들었다. 쩡첸은 매일 그를 접대해야 하는 부담을 덜기 위해 '팡 시장이 여자를 원한다'는 소문을 퍼뜨렸고 부하 직원들은 그에게 여자들을 연결해 주기 바빴다.

이런 과정을 거쳐 그는 11명의 첩을 두게 됐으며 이후 '지퍼 시장'

11명의 첩을 두어 '지퍼 시장'이라는 별명을 얻은 팡자위

이라고 불리기도 했다.

　가장 어이없는 일은 첩을 관리하기 위해 필요한 자금을 첩의 남편들에게서 빼냈다는 것이다.

　그는 첩의 남편들을 모아 금융 회사를 만들고 여기서 벌어들인 돈을 마구 써대며 정부 사업을 그들에게 밀어주고 뒷돈을 받았다. 그러던 중 일이 터졌다.

　바오지시에서 추진하던 수돗물 사업에 문제가 생긴 것이다. 팡자위는 혐의를 모두 첩의 남편들에게 뒤집어씌웠다. 그리고 구명을 요구하는 쩡첸에게 또 다른 제안을 했다.

　"네 남편이 이번 일을 모두 뒤집어써 준다면 3년 안에 내가 꺼내 줄 수 있지."

　그 약속을 철석같이 믿었지만 쩡첸은 믿는 도끼에 발등이 찍혔다.

그녀의 남편 리스민은 사형을 당했으며 다른 첩의 남편들도 중형을 면치 못했다.

화가 난 첩들은 팡자위를 고소했고 그는 지난 2008년 뇌물 수수와 직무 태만으로 12년형을 선고받았다.

축첩과 부패의 상관관계

첩을 만든다는 사실은 현대 사회에서는 상상도 못할 일이다. 그러나 중국 관리들에게 첩은 당연히 있어야 하는 것으로 받아들여지고 있다.

산업화 이전까지 축첩은 자연스러운 현상이었다. 자연재해와 전쟁으로 남성이 부족해지면서 성적 대상과는 별개로 여인을 보호한다는 측면에서 이뤄진 게 대부분이었다.

형이 죽으면 동생이 형수와 결혼하는 형사취수 제도와 같은 맥락이다.

그러나 산업화 이후 돈과 권력이 우선시되면서 첩은 성적 대상과 신분 상승의 상징으로 변했다. 또 첩을 관리하기 위해 돈이 필요하게 되면서 부패와도 뗄 수 없는 고리로 연결되었다.

여기엔 '권력' 과 '돈' 에 약한 여성들의 심리가 작용했다고 보는 시각도 있다.

중국 관리들의 축첩 현상도 이런 연관 관계를 형성한다. 개혁 개방과 동시에 부와 권력이 집중된 중국 광둥성 광저우와 선전, 주하이 3개 도시의 공무원 부패 사건을 조사한 결과 95% 이상이 첩을 두고 있었다는 통계가 이를 입증해 주고 있다.

처음 이 지역의 첩 문화는 대만, 일본, 미국서 온 외국인 투자자들로부터 생겨났다. 특히 대만 상인들은 90% 이상이 첩을 두고 있을 정도로 그들에게는 일상적인 일이었다.

사업을 위해 이들과 만나게 된 중국 상인들과 관리들은 무시당하지 않으려고 자신들도 첩을 두기 시작했다. 물론 성적인 욕구도 함께 작용했다.

13명의 첩을 거느렸던 부패 관리의 대명사 난징유업 회장 진웨이즈는 '부청장급 관리들 중에 첩이 없는 사람이 있느냐' 며 '이는 생리적 필요가 아니라 신분의 상징' 이라는 유명한 말을 남기기도 했다.

'얼나이'가 중국 경제를 일으킨다?

중국에선 첩을 뜻하는 '얼나이' 문화가 중국 경제 성장의 견인차 역할을 한다는 웃지 못할 보고서까지 나오고 있다.

중국에서 얼나이를 두려면 최소한 고급 아파트와 고급 차를 사줄 능력을 가져야 하며 고급 화장품과 명품 의류 선물은 기본이기 때문이다.

게다가 식사는 고급 레스토랑에서 하고 가끔 해외여행도 데려가야 얼나이의 환심을 살 수 있다.

일본의 한 매체는 얼나이가 중국 부동산 가격을 상승시킨 데 이어 자동차 시장 확대에도 기여한다는 보도를 했다.

얼나이들은 폭스바겐 비틀, 현대 제네시스 쿠페, 혼다 어코드를 좋아하는데 이 차들은 일명 '얼나이차'로 불리며 놀라운 판매고를 보인다는 것이다.

화장품 시장 규모도 1987년에는 불과 18억 엔^{약 260억 원}이었지만 현재 900억 엔^{1조 3,000억 원}으로 증가했다고 설명했다.

아울러 이 매체는 '얼나이 1명이 소비하는 금액은 일반 중국인 여성 50명에 해당한다' '베이징, 상하이, 광저우 등 연안 대도시에서는 전체 인구의 5%가 얼나이들이며, 그녀들의 소비액은 그 도시의 총 소비액의 20%를 차지하고 있다'는 말이 중국 내에서 돌고 있다고 전했다.

얼나이 때문에 신종 산업들도 생겨나고 있다. 얼나이 소개소부터 관리 학원까지, 비밀리에 성업하는 얼나이 시장은 얼나이 한 명당 연간 한화 1억 원의 시장을 형성한다는 통계도 나오고 있다.

특히 중국에 얼나이 문화를 퍼뜨린 대만에서는 기발한 상품까지 나와 광고되고 있다.

한 사설탐정 업체가 '마누라 세트'라는 이름으로 얼나이 퇴치 제품을 내놓아 화제를 모은 것이다.

플러그형, 걸고리형, 코카콜라 캔형, 핀홀 카메라로 구성된 세트 가격은 2만5,000대만달러^{약 94만 원}.

또 타이베이의 일부 음식점은 '얼나이반대행동연맹'이라는 이름으로 페이스북을 시작, 정식 부부임을 입증하는 커플에게 할인 혜택을 주는 마케팅을 선보였다.

중국에서는 얼나이 때문에 가정이 파괴된 여성을 위해 정신과 상담과 법률 상담을 무료로 해주는 '반^反얼나이연맹' 사이트가 개설되기도 했다.

part 02

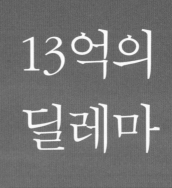

13억의
딜레마

_ 숨기고 싶은
중국의 그림자

1 절대 권력의 절대 부패

_ 중국 최대 정치 스캔들 '보시라이 사건'

2012년 2월 6일 외부에서 회의에 참석하고 있던 게리 로크 중국 주재 미국 대사의 휴대전화에 메일이 떴다.

　　대사관의 보안 통신 구역으로 들어가십시오

뭔가 큰일이 생겼다고 직감한 대사는 부리나케 대사관으로 달려갔다. 대사관에 와 있는 사람은 뜻밖의 인물이었다. 중국 충칭시 공안국장 왕리쥔이었다.

왕리쥔은 자신이 영국인 사업가 닐 헤이우드 독살 사건에 대해 많은 것을 알고 있다는 이유로 자신의 상관인 보시라이 전 충칭시 당서기가 자신을 죽이려 한다고 폭로했다.

게리 로크는 즉각 워싱턴에 이를 알렸다. 미 정부는 우선 왕리쥔의 망명 요청을 중국에 통보했다. 오바마 행정부는 왕리쥔이 반체제 인사나 인권 활동가가 아니라는 점에서 미국이 특별히 비호해야 할 인물이라고는 판단하지 않았다.

특히 그가 공산당을 예찬한 보시라이의 수하인데다 범죄와 부패를 척결하는 운동인 '창홍다헤이娼紅打黑' 정책을 진두지휘하면서 인권을 침해한 점을 들어 그의 망명을 수용할 수 없다는 결론을 내렸다.

왕리쥔은 총영사관에서 나가야 한다는 결론이 났고, 그는 미국의 결정을 받아들일 수밖에 없었다.

왕리쥔이 보시라이에게 미운털이 박힌 이유는 이러했다. 그는 지난 2011년 11월 충칭시의 한 호텔에서 일어난 살인 사건을 처리하라는 지시를 받았다. 피해자는 영국인 사업가 닐 헤이우드. 그는 보시라이의 오랜 재무고문이자 아들 보과과의 영국 유학 시절 보증인이었다.

현장으로 달려간 왕리쥔은 CCTV 영상을 확인하고 깜짝 놀랐다. 그 안에 엄청난 비밀이 숨겨져 있었던 것이다. 보시라이의 부인 구카이라이가 헤이우드 살해에 직접 가담했으며 그들은 불륜 관계였다.

구카이라이는 헤이우드에게 중국인 부인과 이혼하라고 요구했지만 헤이우드는 말을 듣지 않았다. 구카이라이는 계속해서 헤이우드를 압박했고 위협을 느낀 헤이우드는 보시라이 부부가 지난 수년간 국외로 빼돌린 자금 세탁에 대한 증거 자료를 수집했다.

그러나 그의 이런 행동은 보시라이에게 금방 발각됐다. 보시라이 부부는 가만히 있을 수 없었다. 정권 교체가 이뤄지는 18차 당대회

왼쪽부터 보시라이 전 충칭시 서기의 부인 구카이라이, 보시라이 전 서기, 아들 보과과

를 목전에 두고 있기 때문이다.

구카이라이는 본인의 생일 국이라며 직접 만든 것을 들고 호텔로 헤이우드를 만나러 갔다. 독약이 들어 있는 국이었다. 별 의심 없이 국을 먹은 헤이우드는 결국 목숨을 잃었다.

사건 조사 후 모든 것을 알게 된 왕리쥔은 머릿속 계산이 빨라졌다. 수사 당국이 이 사건 처리를 조사할 때 보시라이가 직접 나서 준다면 자신은 무사할 수 있다. 그러나 만약 보시라이가 잘못된다면 자신도 죽음을 면치 못할 것이라는 생각이 들었다. 이후 왕리쥔은 보시라이 부부를 도청하고 행적을 감시하기 시작했다.

그리고 헤이우드 사건을 보시라이에게 보고했다. 보고를 받은 보시라이는 왕리쥔이 자신을 위협하고 있다는 생각이 들었다. 그 후 왕리쥔의 측근들은 하나둘씩 자리를 옮기게 됐다. 왕리쥔도 보시라이의 감시하에 들어왔다.

왕리쥔이 미 대사관의 담을 넘게 된 결정적 사건은 내부 간부회의 때 한 보시라이의 발언 때문이었다. 그는 '왕리쥔이 너무 오래 공안국장을 해 스트레스가 많다. 힘이 덜 드는 자리로 가야 한다. 우울증도 있는데 우울증 환자는 이러기 쉽다' 며 머리에 손가락을 대고 총을 쏘는 흉내를 냈다.

압박을 이기지 못한 왕리쥔은 결국 미 대사관으로 도피해 망명을 요청한 것이다.

누구도 마오쩌둥의 부활을 반기지 않았다

보시라이 사건은 단순 스캔들이 아닌 당파의 싸움이라는 분석이 많다. 이를 근본적으로 해석해 보면 좌파와 우파가 충돌하면서 생긴 비극이라고 할 수 있다.

중국 공산당은 상하이방과 태자당, 공청단이 서로 권력을 다투고 있지만 평화적인 권력 교체가 이어져 왔다. 그러나 이번에 보시라이 사건이 터지게 된 배경에는 그가 극한 좌경 성향으로 마오쩌둥의 부활을 노리며 우파를 공격했기 때문이다.

보시라이는 마오쩌둥 시대에 불렀던 〈홍가紅歌〉를 다시 확산시키고, 마오 사상의 계승을 주장하며 추종 세력을 모아 왔는데, 이것이 현 지도부에게는 위협의 대상이 된 것이다.

〈블룸버그 통신〉 등 해외 언론들도 보시라이의 해임이 마오쩌둥

식의 독단적 정치인을 배제하는 데 각 계파가 합의한 결과라는 분석을 내놨다. 현 공산당 지도부는 어느 계파를 막론하고 마오쩌둥의 부활을 반기지 않기 때문이다.

원자바오 총리도 보시라이 낙마에 앞서 '정치 개혁이 성공하지 못하면 문화대혁명 같은 역사적 비극이 다시 일어날 수 있다'고 경고한 바 있다. 문화대혁명은 1970년대 진행된 극좌파 운동으로 마오쩌둥 노선을 추종하는 홍위병들이 이 기간 동안 당 간부를 포함, 수백만 명을 숙청한 비극이다.

역사를 보면 정권 교체기엔 보시라이 같은 희생양이 늘 있어 왔다. 특히 좌파와 우파의 노선 투쟁은 극단적 결과를 몰고 왔다. 대약진 운동을 무리하게 추진한 마오쩌둥은 반대파인 펑더화이를 우경주의 자로 몰아 숙청했고, 류사오치 국가주석과 덩샤오핑 총서기까지 자본주의의 길을 걷는 주자파로 몰아 실각하게 만들었다.

마오쩌둥 사망 후 마오의 후계자였던 화궈펑은 개혁 개방 노선을 천명한 우파 덩샤오핑에 의해 다시 당주석직을 내놓게 된다. 다시 우파가 세력을 잡으면서 좌파 인물이 실각한 것이다.

후진타오–원자바오 체제에서도 급성장에 따른 후유증으로 성장 억제책을 내놓자 이를 반대하던 성장주의자 천량위가 사회보장기금 비리 사건에 연루돼 실각했다.

보시라이 후폭풍······
실세 가족도 도마 위에

보시라이 사건은 그 하나만의 문제로 끝나지 않았다. 정치국 상무위원과 그들의 가족 전체가 여론의 도마 위에 올랐다.

특히 소셜네트워크서비스[SNS]와 인터넷을 통해 원자바오 등 현 지도부의 측근 비리가 쏟아지고 있어 체제 문제가 대중의 심판을 받아야 한다는 지적까지 나오고 있다.

미국의 군사연구기관 '국방 연구와 분석' 의 중국 전문학자 R. S. 캘허는 원자바오 총리의 아들 원윈쑹과 장쩌민 전 주석의 아들 장몐형이 아버지의 권력을 배경 삼아 막강한 영향력을 행사하고 있다고 지적했다.

원윈쑹은 지난 2012년 2월 국영 기업인 중국위성통신 회장에 선임됐는데 이 회사는 12개의 위성을 보유하고 있으며, 연 매출이 약 100억 위안[약 1조 8000억 원]에 이르는 것으로 알려졌다.

2005년에는 '뉴호라이즌' 이라는 사모펀드를 설립해 대출 특혜로 재산을 불렸는데 재산이 70억 위안[약 1억 2,350만 원]을 넘을 것이라는 추측까지 나오고 있다.

장 전 주석의 아들 장몐형은 정보통신[IT]업계 대부로 상하이에서 발생한 대형 횡령 사건에 연루됐으나 구체적인 연루 사실에 대해서는 알려진 바가 없다. 저우융캉 중앙정법위원회 서기의 아들 저우빈도 특혜를 이용해 재산을 200억 위안[3조 5,800억 원]까지 불렸다는 의혹을 받고 있다.

인터넷 폭로 전문 사이트 '위키리크스'가 공개한 자료에 따르면 중국 지도부는 각각 이익 집단을 구성하고 있는데 리펑 전 총리 일가는 전력 분야, 공안 책임자인 저우융캉 정법위 서기는 석유 분야 특혜로 각각 자본을 축적했다. 또 총리를 지낸 천원 일가는 금융, 자칭린 전국인민정치협상회의^{정협} 주석은 부동산을 통해 이익을 챙겼다. 후진타오 주석도 사위가 대형 포털 사이트 '시나닷컴'을 운용하고 있으며, 원자바오 총리의 부인이 보석업계를 좌지우지하고 있다는 것은 이미 공공연한 사실이다.

이처럼 부패 의혹이 꼬리에 꼬리를 물자 민심은 폭발 직전까지 치닫고 있다. 중국 광둥성에서는 후진타오 국가주석의 재산 공개를 요구하는 시위가 벌어지기도 했다. 젊은이 9명이 후 주석의 개인 재산 공개와 정치 개혁을 촉구하는 플래카드를 들고 시위를 벌였는데 중국에서 최고 지도자의 실명이 플래카드에 등장한 것은 극히 이례적이다.

이에 대해 싱가포르국립대 동아시아연구소의 보즈웨 연구원은 '보시라이 실각이 당 고위 간부와 그의 가족, 친인척들이 축적한 숨겨진 부에 관심을 집중시키고 있다'며 보시라이 사건을 '벌레 담은 캔을 연 것'이라 표현했다.

또 중국의 정치 개혁이 가속화될 것이라는 추측이 나오고 있다.

베이징대 국제관계학원 주펑 교수는 '보시라이 사건으로 중국 지도부가 정치 개혁의 서막을 올릴 수 있을지가 가장 중요한 포인트'라며 '이것이 중국 정치가 진보하느냐 퇴보하느냐를 가를 것'이라고 지적했다.

홍콩 〈사우스차이나 모닝포스트^{SCMP}〉의 왕샹웨이 편집국장도 기명 칼럼을 통해 '1989년 톈안먼 사태로 실각한 자오쯔양 전 총서기는 당정 분리와 당서기 권력 약화를 주장했었다' 며 '지금이 바로 이런 정치 개혁을 서둘러야 할 때' 라고 강조했다.

포스트 장쩌민……
'원자바오 · 후진타오 · 주룽지 3파전'

그러나 중국 지도부의 관심은 다른 데 있었다. 바로 포스트 장쩌민의 역할을 누가 할 것인가다.

이 때문에 사망설이 나돌아도 꿈쩍하지 않던 장쩌민 전 중국 국가주석이 보시라이 사건 이후 베이징에 모습을 드러냈다. 죽어서 권력을 내줄지언정 살아서는 반대파에 권력을 내줄 수 없다는 의지의 표현이었다.

그러나 장 전 주석의 몸이 예전 같지 않다는 것은 바꿀 수 없는 사실이다. 또 보시라이 전 충칭시 당서기의 낙마로 후진타오 국가주석을 중심으로 한 공청단파의 반격이 만만치 않다.

가장 먼저 눈에 띄는 사람은 보시라이 축출에서 악역을 자처했던 원자바오 총리다. 원 총리는 공공연하게 정치 개혁을 주장하고 있으며 2011년 다롄에서 열린 세계경제포럼^{다보스포럼}에서는 '당정 분리' 라는 직접적 표현까지 썼다. 이런 정치적 이력이 정치 격변 시기에 '민주화의 아이콘'으로 부상할 수 있다는 것이다.

그러나 전통을 중시하는 중국에서 전임 총리들이 모두 퇴임 후 칩거했다는 것을 감안하면 그도 같은 길을 갈 가능성이 높다. 특히 그는 확고한 정치적 발언으로 지도부 내에서 '왕따'라는 소문까지 나돌고 있어 지지 세력을 만들지 못했다는 약점을 안고 있다.

더욱이 보시라이에게 돈을 댄 쉬밍 다롄그룹 회장이 예비 사위라는 루머가 있을 정도로 가까운 사이인데다 아들 원원쑹도 '뉴호라이즌' 사모펀드 문제로 의혹을 받고 있다. 사건이 확대될 경우 보시라이와 함께 낙마할 가능성까지 제기되고 있다.

역사가 물 흐르듯 순조롭게만 간다면 '포스트 장' 1순위는 역시 후진타오 주석이다. 장쩌민 전 주석에게 2002년 권좌를 물려받았음에도 2년 동안 장 전 주석이 군사위 주석직을 내놓지 않아 그에게는 늘 '절름발이 지도자'라는 꼬리표가 붙었다. 절치부심하던 그는 재임 10년 동안 심복을 도처에 심어 장쩌민 사후를 대비했다.

보시라이 사건과 연계된 저우융캉 당 정법위 서기 조사설도 후진타오가 권력을 잡으려 한다는 사실을 뒷받침해 준다. 중앙정법위원회 서기는 서열 9위에 불과하지만 공안과 무장 경찰, 검찰, 법원, 국가안전부를 총괄하는 요직 중의 요직으로 장 전 주석은 저우융캉 서기를 통해 후진타오 주석을 견제해 왔다. 후진타오는 저우융캉을 보시라이와 함께 축출하고 그 자리에 자기 사람을 심어 '포스트 장'으로서의 기반을 튼튼히 하겠다는 계획이다.

주룽지 전 총리가 출간한 서적
《주룽지, 기자에게 답하다》

그러나 그는 보스로서의 기질이나 결단력이 부족하다는 비판을 받아오고 있어 장 전 주석만큼의 영향력을 발휘하긴 힘들다는 분석이 앞서고 있다.

'포스트 장'으로서의 가능성이 가장 높은 사람은 주룽지 전 총리다. '이유 없는 행동은 없다'는 중국 정치판에서 칩거하고 있던 주룽지 총리가 연이어 책을 출판하며 대중의 관심을 끌고 있기 때문이다.

지난 2009년 중국 건국 60주년 행사 때 그가 톈안먼 성루에 선글라스를 끼고 나타났는데 백발이 된 그의 모습이 인민들의 감정을 자극했고 같은 해 출판된 책이 대박을 터뜨렸다.

《주룽지, 기자에게 답하다》란 책은 출간 2개월 만에 200만 부나 팔려 나갔다. 정치적 이유로 정부가 구매하지 않은 상황에서 순수하게 인민들이 구매한 결과다.

이후 회고록《주룽지강화실록》도 연이어 베스트셀러에 올랐다. 그가 덩샤오핑의 사람이라는 것, 굳이 따지자면 상하이 출신 실세들을 지칭하는 '상하이방'에 속한다는 것도 플러스 요인이다. 덩샤오핑 지지 세력이 주룽지에게 힘을 실어 줄 가능성이 크고, 차기 지도부가 되는 시진핑이 상하이방 소속이기 때문이다.

2

권력과 부의 세습

_ '우리 아버지 리강이야!'

"우리 아버지는 리강이야!"

2011년 중국을 떠들썩하게 했던 인터넷 유행어다. 리치밍이라는 학생이 음주 운전으로 2명의 여학생을 친 후 외친 이 말이, 중국 최대 투고 사이트 톈야사가 조사한 설문 결과 인터넷 유행어 1위로 선정됐다.

'법보다는 권력이 앞선다'는 현실에 대한 일반인들의 불만을 반영했다는 해설과 함께 투표에 참여한 9만 600명 가운데 1만 1,600명이 이를 선택했다.

2011년 중순 리치밍은 술에 취한 채, 중국 허베이대학 캠퍼스에 폭스바겐을 몰고 나타났다. 여자 친구를 만나기 위해서였다. 캠퍼스를 80~100km/h로 쌩쌩 달리던 리치밍은 인라인 스케이트를 타고 있던 여학생 2명을 치었다.

여학생 1명은 공중으로 튕겨 나가 땅바닥에 떨어졌고, 다른 1명은 그 자리에서 다리가 부러지는 등 큰 부상을 입었다. 땅바닥에 떨어진 여학생은 다음 날 피를 너무 많이 흘려 사망한 것으로 알려졌다.

사고보다 더 문제가 됐던 것은 사고 이후 보인 그의 행동이었다. 사고가 난 뒤에도 리치밍은 계속 운전해 도망가려 했지만 사고 소리를 들은 교내 경비원이 대학 문을 폐쇄하면서 붙잡혔다.

그는 차에서 내려 한마디 사과도 하지 않은 채 자신의 차를 한참 살펴본 뒤 '누가 내 차를 이렇게 긁어 놓았나' 라며 소리를 질렀다. 이어 '내가 누군 줄 아느냐. 고소해 봐라. 우리 아버지가 리강이야!' 라고 오히려 큰소리를 쳤다. 그 후 여자 친구를 만나러 간 것으로 전해졌다.

이 사건은 인터넷을 통해 급속히 확산되면서 네티즌들의 공분을 자아냈다.

리치밍의 아버지이자 공공안전국 부국장인 리강은 국영 〈CC-TV〉에 나와 눈물을 흘리며 피해자와 유족들에게 사과했지만 분위기는 좀처럼 수그러들지 않았고 이 사건을 비난하는 인터넷 댓글이 줄을 이었다. 일부 인터넷에서는 '우리 아버지 ○○이야' 라는 각종 패러디가 퍼지기 시작했다. 불법 행위를 저지르고도 아버지의 권력으로 사건을 무마시키려던 리치밍은 '신의 아들' 이라 풍자됐다.

1970년대 최고의 인기를 누렸던 국민 가수이자 현재는 군 소장 신분인 리쐉장의 15세 아들 리톈이도 면허 없이 BMW를 몰고 가다 앞

리강 사건이 확대되고 난 후 리강의 아버지가 공개 사과하는 장면이 중국 국영 〈CC-TV〉를 통해 방영되고 있다.

서가던 차량에 타고 있던 펑모 씨 부부를 구타한 사건으로 '제2의 리강 사건'으로 불렸다.

친구와 함께 운전을 하고 가던 리톈이는 앞서가던 펑씨 부부가 갑자기 속도를 줄이자 뒤따르던 자신들도 속도를 늦출 수밖에 없었다는 이유로 펑씨 부부를 3분 동안 구타했다. 펑씨는 머리를 열한 바늘이나 꿰맸고 코와 눈을 심하게 다친 것으로 알려졌다.

당시 증언에 따르면 주변에서 사람들이 몰려와 신고하려 하자 리톈이는 '감히 누가 나를 신고해!'라고 외쳤다 한다.

사건이 커지자 리쌍장은 병원으로 펑씨 부부를 찾아가 눈물을 흘리며 '자식 교육을 잘못시켰다. 이 일에 절대 개입하지 않겠으니 아들을 마음대로 처분하라'며 용서를 빌었지만 이 사건은 제2의 리강 사건으로 불리며 국민들의 조롱거리가 됐다.

권력과 부의 세습……
사회주의 중국은 어디로?

"어떤 사람은 태어나면서 맨발로 황톳길을 걷고, 어떤 사람은 자전거로 아스팔트를 달리고, 어떤 사람은 스포츠카로 고속도로를 질주한다."

중국 젊은이들 사이에서 유행하는 말이다.

2011년 리강 사건 이후 중국 인터넷에서는 계층의 세습을 언급하는 신조어들이 속속 등장했다. 2대에 걸쳐 공무원이 되는 '관얼따이^{官二代}', 부자 아빠에 부자 아들을 뜻하는 '푸얼따이^{富二代}', 가난한 집 자식을 뜻하는 '충얼따이^{窮二代}' 가 그것이다. 너무 유행이 돼 정치인들 사이에서도 이를 심각하게 받아들일 정도였다.

관얼따이의 경우 관료인 아버지가 권력과 부를 모두 쥐고 있는 경우가 많아 쉽게 범법 행위를 저지르고 아버지가 가진 특권을 함께 누리려는 경향이 있어 왔다. 앞서 언급한 리강 사건이 한 예이다.

푸얼따이는 중국의 개혁 개방이 만들어 낸 산물이다. 개혁 개방 이래 많은 돈을 쥐게 된 민영 기업가들은 자식에게 최고의 것만 주면서 빈부 격차로 인한 사회 불안을 더욱 심각하게 만들었다.

이들은 대부분 자식을 캠브리지와 하버드 등 세계 최고 명문 대학으로 유학을 보내고 최고급 승용차를 사주는 것을 특징으로 하고 있다.

또 '돈이면 뭐든 된다' 라는 의식을 갖게 해 수많은 사건 사고의 주인공을 만들어 냈다. 차 사고를 낸 한 푸얼따이가 칼로 상대 운전기사의 몸을 난도질한 사건이 중국 사회에 충격을 주기도 했다.

반대로 농민공의 자식은 농민공일 수밖에 없다는 게 충얼따이다. 중국 제조업에 종사하는 10대 후반의 학생들 대부분은 그의 아버지가 1세대 농민공이었다.

대학을 나와 교육을 받기는 했지만 가난한 상태를 벗어나기에는 부의 담장이 너무 높다. 우울증 등으로 팍스콘에서 자살한 노동자들 대부분이 이들이었다.

이처럼 중국은 부와 권력의 세습이 심각한 사회 문제를 일으키고 있으며 사회주의 중국의 전통적인 가치관마저 흔들고 있다.

또 다른 계층 '홍색 귀족'

관료의 아들을 뜻하는 '관얼따이'나 부자 아빠를 둔 '푸얼따이'와는 또 다른 존재들이 있다. 바로 마오쩌둥 전 주석과 함께 혁명을 이끌었던 공산당 최고 간부들의 자손으로, 선대의 후광으로 귀족처럼 부와 명예를 동시에 누리는 특권 계층을 일컫는 '홍색 귀족'이 그들이다. 지금은 중국 최고위층 자녀까지 포함한다.

이들은 중국의 변혁기에 고단한 생활을 했던 선대와는 달리 일찍부터 해외 유학길에 올라 자기 분야에서 전문가로 활동하고 있다. 중국을 포함, 중국의 영향력이 미치는 세계 곳곳에서 그 후광으로 최고의 자리에 오른 사람들 또한 적지 않다.

우선 이들 대부분은 해외에서 유명 대학을 졸업했다. 최근 낙마한 보시라이 전 충칭시 당서기의 아들 보과과는 미 하버드대 케네디스쿨에 재학 중이다.

차기 국가주석이 될 시진핑 국가 부주석의 딸 시밍저는 지난 2010년 미국으로 유학을 떠나 하버드대 학부에 재학 중이며, 차기 총리 후보인 리커창 부총리의 딸 역시 미국에서 유학 중인 것으로 알려졌다. 원자바오 총리의 아들 원윈쑹은 미국 노스웨스턴대 캘로그스쿨을 졸업했고 후진타오 주석의 딸 후하이칭도 미국 유학파다.

전 고위층 지도자들의 자녀들도 대부분 미국 유학 경험을 가지고 있다. 덩샤오핑 전 주석의 막내아들 덩즈팡은 1980년대에 미국 유학을 했고, 마오쩌둥 전 주석의 외손녀 쿵둥하이도 미국 유학 후 중국에서 사업을 하고 있다. 장쩌민 전 주석의 손자 장즈청도 하버드대를 졸업한 후 홍콩의 한 사모펀드^{소수의 투자자로부터 모은 자금으로 운영하는 펀드}에서 일하고 있다.

이들은 졸업한 후에 인맥을 통해 다양한 사업 기회를 획득하고 대형 국유 기업 고위직에 오르는 수순을 밟는 경우가 많다. 사업은 사모펀드를 통하는 경우가 많은데 중국 특성상 시장을 움직이는 권력층과 맞닿은 이들이 많은 혜택을 누릴 수 있기 때문이다.

최근 가장 두각을 나타내는 인물은 원자바오 총리의 아들 원윈쑹이다. 그는 2012년 국영 기업 중국위성통신^{CSC} 이사회에서 이 회사 회장에 선출됐는데 중국우주항공과학기술그룹 산하에 있는 중국위성통신은 12개의 위성을 보유하고 있는 중국 최대 위성 통신 서비스

업체다. 연 매출은 약 100억 위안^{약 1조 8,000억 원}에 이르는 것으로 전해졌다.

원 회장은 미국 유학 후 중국으로 돌아와 위성위치확인시스템^{GPS} 단말기 제조업체를 창업한 적이 있지만, 우주 항공 분야 경력은 거의 없다. 그의 전임자 레이판페이가 25년간 우주 로켓과 미사일 개발 분야에서 일해 왔다는 점과 비교하면 놀라운 결과다. 현재 당 서열 6위인 리장춘 상무위원의 딸 리퉁 역시 홍콩 중은국제 산하 사모펀드 대표로 활동하고 있고, 리루이환 전 전국정치협상회의 주석의 두 아들 리전드와 리전푸 역시 사모펀드 업계로 뛰어들었다.

사모펀드가 아니더라도 홍색 귀족은 경제계에서 많이 활동하고 있다. 직접적으로 정치에 입문하기는 껄끄럽기 때문이다.

주룽지의 아들인 주윈라이는 중국 최대 투자 은행인 국제금융공사^{CICC} 총재로 재직하고 있으며 중국 인민은행장인 저우샤오촨도 혁명 원로인 저우젠난의 아들이다.

2세가 아닌 3세들은 패션이나 예술 분야에서 자유분방하게 활약한다. 어려서부터 외국 생활을 한 탓에 사고방식이 서구화된 영향이 없지 않다.

중국의 패리스 힐튼이라고 불리는 예밍쯔는 중국의 건국 공신 예젠잉의 손녀다. 그녀는 어릴 때부터 할아버지의 전용기를 타고 다녔기 때문에 비행기가 원래 2~3명만 타는 것인 줄 알았다는 이야기가 있을 정도로 부유한 생활을 했다. 영국 유명 디자인 학교인 세인트마틴스쿨에서 디자인을 전공한 후 홍콩 유명 인사들을 상대로 디자

보시라이의 아들 보과과가 외국에서 흥청망청 즐기는 사진들이 보시라이 낙마 이후 언론을 통해 공개돼 큰 관심을 일으켰다

인 컨설팅을 해주다 지금은 베이징에서 활동하고 있다.

완리 국무원 부총리의 손녀 완바오바오는 보석 디자이너로 활동하고 있는데, 어린 시절부터 현대 중국의 자금성이라 불리는 '중난하이'에서 자라나 다섯 살 때 이미 해외 국가원수들과 식사를 함께 하기도 했다. 지금은 미국 유학을 거쳐 파리와 홍콩 사교계에서 활동하며 자신의 이름을 딴 'BAOBAOWAN'이라는 고급 주얼리 브랜드를 론칭했다.

이런 홍색 귀족에 대해 중국인들의 시선은 곱지 않다. 빈부의 차가 커지고 가난한 사람들이 더 가난해질수록 반감은 더욱 커지고 있는 양상이다. 최근 보시라이 전 충칭시 서기의 낙마만큼 그의 아들 보과과의 사치 생활이 이슈를 일으킨 것도 그런 이유 때문이다.

3

고속철 사고 '관행 삼중주'

_ '성상납' '뇌물 수수' 언제까지

2011년 7월 23일, 43명의 생명을 앗아간 중국 원저우 고속철도 참사는 뇌물 수수 비리와 성상납이라는 관행이 만든 비극의 결정체라 할 수 있다.

8월 13일 중국 시인 자오리화가 자신의 트위터에 철도부장장관 류즈쥔이 성상납을 받았다는 의혹을 제기하면서 고속철 사고는 '철도 게이트'로 비화됐다.

그녀는 트위터에 올린 글에서 '류즈쥔이 12명의 여배우들과 관계를 갖는데 많은 시간이 걸렸을 것'이라며 '그가 성상납을 받으면서부터 고속철 사고는 예견돼 있었다'고 지적했다.

또 류즈쥔에 금품을 준 대가로 당국의 수사를 받고 있는 보여우그룹에 대해서도 '여배우들을 주선한 대가로 보여우그룹도 고속철 투자 금액 1조 8,000억 위안^{약 300조 원} 중 상당 금액을 챙겼을 것'이라고

중국 고속철 참사를 야기시킨 장본인으로 지목된 류즈쥔 철도부장

비꼬았다. 보여우그룹은 류즈쥔에게 성상납을 했다는 의혹을 받고 있는 12명의 여배우가 출연한 드라마 〈신홍루몽〉의 스폰서다.

10년 넘게 중국 고속철 사업을 지휘해 온 류즈쥔은 2011년 초 고속철 배정 과정에서 8억 위안^{약 1,432억 원}의 중개비를 받은 혐의로 구속됐으며, 그 핵심에는 보여우그룹 대표 딩슈마오가 있었다.

지난 1998년 당시 베이징철도국 린펀 분국 당서기였던 루오진바오를 통해 류즈쥔을 소개받은 그는 보여우그룹을 설립해 고속철 설비 제공, TV 광고, 호텔 사업 등의 철도 관련 사업을 벌이며 사세를 확장했다. 또 2006년에는 중국 유일의 철도 차량 바퀴 관련 부품 생산 및 보수 기업인 즈치공사 설립을 주도하기도 했다.

딩슈마오는 이러한 철도 관련 사업으로 벌어들인 이익 중 일부를 류즈쥔에게 지속적으로 제공한 것으로 알려졌다. 이 같은 정황 때문에 자오리화의 폭로는 더욱 신빙성을 얻고 있다.

목소리 내는 중국인……
'할 말은 하고 산다'

중국 고속철 사고는 사고가 발생한 자체뿐 아니라 이를 처리하는 과정에서도 중국이 가진 전반적인 문제점을 고스란히 드러냈다.

사고는 당초 사고 열차가 벼락을 맞은 후 동력을 상실하고 경보 시스템에 문제가 생겨 뒤따르던 차에 위험 신호를 전달하지 못해 추돌한 것으로 알려졌다.

그러나 상하이 철도국 관계자의 '사고 당시 벼락을 맞고 정차한 선행 열차의 통신 시스템이 파손되지 않았기 때문에 교신은 정상적이었다'는 발언이 알려지자 당국이 사고 원인을 벼락이라고 발표한 데 의문을 가지는 사람들이 나오기 시작했다. 결국 정밀 조사팀을 꾸린 당국은 사고 원인이 신호 체계 같은 장비 결함이 아니라 총체적인 관리 부실이라고 발표했다.

당시 조사팀의 왕명수 부조장은 조사 결과 시설을 제대로 유지·사용하지 못해 고장을 냈고 그 후에도 수동 조작을 제대로 못해 최후 비극을 불러일으켰다고 발표했다.

사실 이 같은 사고에는 기관사 선발에서부터 문제가 있었다. 언론에 따르면 첫 고속철 기관사로 알려진 리동샤오는 열흘간의 기초 교육만 받고 고속철에 투입됐다. 그는 고속철 1호 면허 소지자로 발표됐지만 당시 고속철 스위치가 몇 개인지조차 몰랐다고 알려졌다. 그는 이후 상급 기관의 명령을 받고 10일 만에 교육을 마쳤으며 시속

350km의 고속철을 운전하는 첫 기관사가 됐다.

이후 기관사 육성도 초스피드였다. 지난 2008년 4월 9일 고속철 실습을 시작한 시난쟈오통대학 졸업생 30명은 같은 해 8월 개통된 베이징-톈진 노선의 고속철 기관사가 됐다. 경험 없는 대학생들이 고속철 전문 기관사가 되는데 6개월도 걸리지 않았던 것이다.

사고가 난 후에도 의혹과 비난은 계속 이어졌다. 사고 직후 중국 인터넷에는 '구조 요원들이 구조 과정에서 차체를 자꾸 흙속으로 밀어 넣고 있다'며 은폐 의혹이 일었다. 네티즌들은 '사고 원인을 규명하려면 차체를 끌어내거나 한쪽으로 밀어야 하는데 왜 자꾸 흙속으로 밀어 넣느냐'는 질문을 쏟아냈다.

문제가 확대되자 철도부 왕용핑 대변인이 기자 회견까지 열어 '구조 요원들이 차체를 흙 속에 묻는 것은 구조의 편의를 위해서'라며 '세상에 다 알려진 사고인데 무엇을 숨기겠는가'라고 해명했다.

사고 후 구조 작업이 너무 빨리 종료되고 바로 운행이 재개된 데에도 불만이 폭주했다. 철도부는 원래 24일 오후 6시부터 열차 운행을 재개하려고 했지만 야간에 폭우 예보가 있어 25일로 운행을 늦춘다고 발표했다.

그러나 철도 당국이 구조 활동을 종료한 이후 24일 오후 5시 40분쯤 다리로 추락한 객차 안에서 두 살가량의 여아가 발견됐으며 다른 시신도 잔해 속에서 뒤늦게 발견됐다. 중국인들은 당국이 급히 수습을 종료하고 고속철 운행을 강행한 배경에 의심의 눈초리를 보냈다.

결국 분노가 극에 달한 중국인들이 비난을 쏟아내자 당국도 막을

원저우 고속철도 사고 현장

수 없는 분위기로 흘러갔다. 언론을 통해 여론을 잠재우려고 고속철에 대한 부정적 보도를 금지하는 지침까지 내렸지만 관영 언론들조차 비판에 가담했다. 당시 네티즌들의 비난 수위는 상당히 높았다. '우리가 세 살짜리 어린애처럼 또 속아 넘어갈 것 같으냐, 번개만 맞아도 사고가 나는 고속철과 트럭만 지나가도 다리가 무너지는 게 중국'이라며 공개적으로 중국 정부를 비난했다.

친서민 총리였던 원자바오 총리에 대해서도 '자연재해 현장만 가고 인재 현장은 외면하냐'며 사고 경위를 제대로 발표하지 않고 거액의 배상금으로 사고를 서둘러 수습하려고만 한다며 비난의 목소리를 높였다.

〈신화통신〉과 〈CC-TV〉 등 관영 언론도 원 총리를 압박했다. 고속철 사고 현장을 방문해 안전성 소홀을 인정하고 철저한 조사를 약속하는 원 총리에게 '총리가 보듯 이미 사고 현장이 말끔히 치워져 있는데 어떻게 생각하느냐'는 비꼬는 질문까지 이어졌다.

다시 시작된 고속철 사업 '新실크로드 재개'

그러나 중국은 고속철 사업을 다시 재개했다. 동부 연해 지역의 발전을 중서부 지역의 개발로 연계시켜 공동 발전을 모색하는 '2개의 대국' 정책의 기초가 되는 것이 바로 철도 등 운송 인프라 사업이기 때문이다.

중국 철도부는 2012년 5월 중순 단기금융채권을 발행해 200억 위안의 자금을 모집했다. 모집된 자금은 후한룽滬漢蓉, 상하이-우한-청두 고속철 건설에 집중적으로 투자될 것으로 보인다. 중국을 가로로 잇는 후한룽 고속철이 완공되면 침체됐던 중국의 고속철 사업에 다시 한 번 활력이 불어넣어지게 된다. 또 베이징과 허베이성 스좌좡을 잇는 고속철도도 2012년 개통될 예정이다. 이 고속철이 완공되면 앞서 스좌좡~우한, 우한~광저우, 광저우~ 선전 구간의 고속철과 이어져 중국 대륙 종단 열차가 탄생하게 된다.

이 고속철은 유라시아까지 이어진다. 우선 쿤밍에서 베트남, 싱가포르, 말레이시아, 타이, 미얀마를 잇는 1노선동남아시아 종단 철도과 우루무치에서 카자흐스탄, 우즈베키스탄과 투르크메니스탄을 지나 독일로 가는 2노선유라시아 횡단 철도, 헤이룽장성과 러시아를 거쳐 서부 유럽으로 가는 3노선^{러시아 대륙 횡단 철도}이 예정돼 있다.

중국이 이런 대규모 3개 고속 철도망을 구축하려는 것은 낙후된 서부 지역을 개발하고 주변 국가와의 경제 협력도 강화하기 위한 것이다. 중국은 이들 국가에 고속철도를 건설해 주고 필요한 자원을 공급받고 있다.

미얀마는 중국으로부터 고속철도 건설에 필요한 금융 지원을 받는 대신 첨단 산업용으로 널리 쓰이는 리튬을 제공하기로 했다. 파이프라인을 통해 중국에 천연가스를 공급하고 있는 중앙아시아와 동유럽 일부 국가들도 중국으로부터 고속철도 건설에 필요한 금융 지원을 받기로 했다. 이 고속철 사업은 중국의 대표적 경제 정책인 서부대개발과도 직접적인 연관을 갖는다. 서부대개발 전초 기지가 되고 있는 시안국제무역항은 이 '신실크로드'의 시작점으로 각광받고 있다.

시안국제무역항은 기업들이 동부 연안의 항만까지 갈 필요 없이 이곳에서 수출입 물품의 세관과 검역을 모두 처리할 수 있어 '물 없는 항구'라 이름 붙여졌다. 이 무역항은 철도 운송 화물 2,800만 톤, 고속도로 운송 화물 3,850만 톤 등 연간 6,650만 톤의 화물을 처리할 수 있도록 설계 중이어서 2015년 완공되면 중국 최대 물류 집합지로 이름을 올리게 될 예정이다.

4

'돈 때문에……'
_ 쫓겨나고 이혼하고 고아 되고

최근 중국에서는 치솟는 주거 비용의 영향으로 '개미족, 생쥐족, 달팽이족' 등의 신조어가 만들어지고 있다.

2010년 중국 개미족에 대한 기사는 한국의 88만원 세대와 비교되며 큰 주목을 받았다. 이들은 대학을 졸업하고 대도시로 올라왔지만 직업을 구하지 못해 적은 수입으로 생활하고자 여럿이 한방에 모여 살거나 단체 주거지에서 생활하고 있다.

이들은 대다수 도시 속의 농촌이라는 '성중촌^{城中村}'에 모여 살고 있다. 골목으로 들어갈수록 집값은 더 싼데 보통 한 달에 300위안^{약 5만원} 정도 한다.

'우리는 바퀴벌레다. 하지만 끝까지 노력해서 돈을 벌고 싶다'고 말한 원샤오라는 한 개미족 청년의 말은 비참한 그들의 생활을 대변하고 있다.

한방에 모여 살고 있는 중국의 개미족들

   이들보다 더 가슴 아픈 사람들은 돈을 벌기 위해 도시로 올라온 농민공들이다.

   2010년 12월 중국 언론에 처음으로 소개된 이들은 아파트 지하에 땅굴을 파고 개조한 3m² 크기의 작은 방에서 생활하고 있었다. 금방이라도 폭삭 가라앉을 듯한 작은 1인용 침대만 놓여 있고 세면이나 용변은 공동 화장실을 이용해야 한다. 월세는 400위안^{약 7만 원} 정도지만 1200위안^{약 21만4,000원}의 월급을 받는 이들에게 월급의 3분의 1이나 되는 큰돈이다.

   지하 동굴에 산다고 해서 이들에게 붙여진 또 다른 이름은 생쥐족이다. 이들은 아파트 안전 문제를 고려한 당국이 수시로 단속을 하고 있어 언제 쫓겨날지 모르는 불안감 속에 살아가고 있다.

   이혼을 해도 집을 장만할 능력이 없어 한 곳에 사는 사람들도 있다. '워훈주^{달팽이족}'라고 불리는 이들은 2011년 드라마 〈워쥐^{달팽이 집}〉가 인기를 끌며 만들어졌다. 한 부부가 좋은 집에서는 아이를 키울 수 없어 사채를 쓰는 과정에서 이혼 위기에 몰리는 내용인데 워쥐에

한 농민공이 아파트 지하에서 나와 출근하는 모습

사는 사람들의 애환을 그대로 담고 있다.

2011년 초 전국여성연합회의 통계에 따르면 80년대 출생자의 이혼율은 30%에 달했고 이중 10%가 주택난 때문에 이혼 후 동거를 선택한다고 한다. 가정 해체의 주인공도 '돈'이다.

최근 중국 안후이성의 한 농촌 마을에서 충격적인 사건이 벌어졌다. 남성 한 명이 이 마을 여성 78명을 상대로 성폭행을 한 사실이 밝혀진 것이다.

다이칭청이라는 이 남성은 1993년부터 2009년까지 안후이성 린취안현 일대에서 78명의 여성을 성폭행하고 38명을 성폭행하려다 실패한 혐의로 체포됐다. 범인은 외지로 돈 벌러 나가 남성이 없는 집만 골라 범행을 저질렀다 한다.

바람을 피우는 농민공의 부인들도 늘어나고 있다. 남편이 벌어다

주는 돈으로는 치솟는 물가를 감당할 수 없어 다른 남자에게 기대는 것이다.

이 때문에 중국 인민병원 친자확인센터에는 자녀의 혈액을 들고 오는 농민공들이 급속히 늘고 있다. 최근에는 하루 평균 2~3건의 친자 확인이 이뤄지고 있다. 이중 80%는 친자로 판명됐지만 5명 중 한 명은 친자가 아닌 것으로 드러났다.

벌어오는 돈이 적다고 직접적으로 이혼을 요구하는 여성도 있다. 외지에 돈을 벌러 나갔다 춘절 기간에 고향을 찾은 한 농민공 남편은 돈을 적게 벌어 왔다며 문전박대 당했고, 아내는 이혼을 요구했다.

아창이라는 이 남성은 3년 전 결혼한 후 지금까지 외지에서 일하며 번 돈을 모두 부인에게 보냈다. 그러나 1년 전부터 일한 쓰촨성 건축 현장에서 연말에 사업장이 적자를 봐 2,000위안^{약 35만 8,000원}밖에 들고 올 수 없었다. 그게 화근이었다.

도시로 일하러 나간 부모들 때문에 고아 아닌 고아로 살아가는 아이들도 적지 않다.

2010년 11월 광시성 허저우의 폭죽 공장에서 폭발 사고가 일어나 이곳에서 일하던 7~15세 어린이 2명이 숨지고 11명이 중상을 입었다. 한 해 전에도 광시장족 자치주에서 폭죽 공장이 폭발해 13명의 아동이 죽거나 다쳤다.

해마다 춘절이 되면 폭죽 특수를 노리는 상인들이 폭죽 공장 가동 률을 높이는데, 이런 특수 뒤에는 부모가 돈 벌러 도시로 간 사이 오

78명의 성폭행 사건이 발생한 안후성 마을에서 한 농민공 여성이 일하러 간 남편을 대신해 일하고 있다

갈 데 없는 아이들이 희생양이 되고 있다. 중국 시골 마을의 무허가 폭죽 공장에서는 아이들이 폭죽 안에 도화선을 집어넣는 작업에 내몰리기 때문이다. 이는 제조 공정 중 가장 위험한 작업이지만 손이 작은 아이들이 가장 적합하기 때문이다. 그러나 아이들은 5만 개의 도화선을 집어넣고도 고작 30위안[약 5,370원]을 번다.

선부론의 열매는 누가 먹었나?

개미족과 달팽이족, 생쥐족은 무엇 때문에 생겨났을까? 중국의 그 많은 돈들은 다 어디로 가는 것일까?

20년 전만 해도 중국은 세계 강대국과는 거리가 멀었다. 톈안먼 광장에서의 대학살, 짝퉁이나 만드는 국가로 인식됐기 때문이다.

그러나 덩샤오핑 전 주석이 남쪽으로 여행^{남순강화}을 시작한 이후 중국은 뒤도 돌아보지 않고 성장했다. 그가 돌아본 선전 지역과 동부 해안 지역으로부터 중국의 경제 성장이 시작된 것이다.

그러나 그 성장의 후유증은 너무 잔혹했다. 배부른 사람에게 또 빵을 주는 '선부론^{先富論, 먼저 부자가 되는 것을 인정하고 가난한 사람들은 따라가자}'으로 인해, 선도 세력이 점점 부유해지는 동안 가난한 사람들은 더 허리띠를 졸라매야 했다. 선부론의 열매는 0.3%의 기득권층이 다 먹어치우고 대부분의 인민들은 찌꺼기조차 구경하지 못했다. 지금은 열매가 다시 씨를 뿌려 1%의 부자가 중국의 부 44%를 보유하는 수준까지 이르렀다.

이런 상황이 지속되면서 중국의 지니계수는 이미 0.5를 넘어섰다. 소득 분배 상태를 나타내는 지니계수는 0과 1 사이의 값을 갖는데, 0.5를 넘으면 불균형이 매우 심각해 사회 불안을 야기할 수 있다는 평가를 받는다.

의료비 문제는 빈부 격차를 더 벌려 놓았다. 농촌의 의료보험 보장률이 극히 낮은 수준에 있어 '유전무병 무전유병^{有錢無病 無錢有病}'이라는 말까지 생기기도 했다. 세계 인구의 20%를 차지하는 중국의 의료비 투입은 세계의 3%에 불과하다. 의료비 예산도 정부 예산 가운데 24%를 조금 웃돌아 선진국의 75%, 개발도상국의 55%를 크게 밑돌고 있다. 그 피해는 고스란히 가난한 자들의 몫으로 돌아온다.

치솟는 물가와 가족 걱정에 귀향하는 개미족과 농민공 '짐 싸자'

치솟는 물가에 개미족과 농민 공들은 점점 고향으로 되돌아 가고 있다.

개미족들은 대학을 졸업하고 성공을 꿈꾸며 베이징, 상하이 등 대도시로 올라왔지만 평균 월급 2,000위안^{약 35만 8,000원}에 월세만 최소 800위안^{약 14만 원}이 들어가는 빠듯한 생활에 진절머리가 난 것이다.

더 큰 문제는 물가다. 2011년 소비자 물가 상승률이 줄곧 5%를 넘다 12월 중 4.1%로 안정됐지만 체감 물가는 여전히 높다. 중국 중앙은행인 인민은행이 최근 발표한 '2011년 4분기 도시 및 농촌 주민 실태 조사'에 따르면 68.7%의 주민이 '물가가 너무 높아 감당하기 어렵다. 소득 증가율이 물가 상승률을 따라가지 못하고 있다'고 응답했다.

호구^{호적}도 문제다. 2011년에는 베이징시가 인구 억제책의 일환으로 베이징에서 졸업한 외지인 대졸자들에 대한 베이징 호구 지급수를 6,000명으로 제한했다. 한 해 만에 60%나 줄어든 수치다. 호적을 얻지 못하면 베이징을 떠날 수밖에 없다. 의료보험과 양로보험 등 사회 보장을 받기 어렵기 때문이다.

농민공들도 춘절^{설날}에 고향으로 돌아온 김에 다시 대도시로 나가지 않고 눌러앉는 경우가 많아지고 있다. 대도시 임금 수준이 높긴 하지만 상대적으로 물가가 비싸고 가족과 떨어져 살면서 생기는 부작용이 크기 때문이다.

5~6년 전만 하더라도 중국 동부나 남부 지역의 농민공 임금은 중·서부에 비해 15% 이상 높아 대부분의 농민공이 이 지역의 기업으로 몰렸지만 지금은 인력난을 걱정해야 할 수준에 이르렀다.

정부의 고민 '1억이 넘는 빈곤층'…… 성장에서 분배로

빈부의 격차가 심해지다 보니 1억 명이 넘는 빈곤층을 감당해야 하는 정부는 심각한 고민에 빠졌다. 이제는 성장에서 분배로 방향을 돌려야 한다는 주장이 힘을 얻고 있다.

2011년 팍스콘 자살 사건으로 촉발된 중국의 임금 인상 붐으로 근로자의 임금 수준이 평균 14.3% 증가했다. 그러나 연간 소득이 2,200위안^{약 40만 원} 이하인 중국 빈곤 인구는 오히려 늘어나 1억 2,800만 명에 이르렀다. 이유는 간단하다. 임금 상승이 물가 상승을 따라잡지 못하고 있기 때문이다.

오히려 임금 상승으로 노동 생산력 경쟁에서 밀린 기업들이 도산하거나 동남아 등 해외로 생산 기지를 이전하는 사례가 급증하면서 저소득층은 일자리를 잃는 현상까지 일어나고 있다.

이런 빈부 격차에 대해 가장 많은 우려를 보내는 곳은 정부다. 공산당 독재 체제를 고수하고 있는 중국에서 빈부 격차가 사회 불안을 조장해 체제를 위협하고 있기 때문이다.

2011년 리비아 사태 이후 중국에서도 2월 20일과 27일, 3월 6일

세 차례에 걸쳐 중국의 주요 도시에서 '재스민 시위'가 계획됐었다. 중국 정부의 강력한 사전 차단으로 대규모 시위로 퍼지진 못했지만 치솟는 물가, 커지는 빈부 격차 등과 맞물려 개혁을 요구하는 움직임이 강렬하게 일었다.

실제로 큰 폭동으로 이어지진 않았지만 큰 곤혹을 치른 중국 정부로서는 고성장 대신 부를 재분배하는 데 초점을 맞추지 않을 수 없게 된 것이다. 이후 중국 정부는 13년 동안 고수한 8% 성장 유지 정책인 '바오빠' 정책을 접고 목표 성장률을 낮췄다. 또 도시 실업률을 낮추고 물가 통제 대책을 발표하는 등 민생 생활 개선 방안에도 총력을 기울이고 있다.

5 소림사 주지, 승려복 입은 CEO
_ '비자금에 여자 문제까지'

2011년 말 소림사 제자라고 주장하는 한 네티즌이 중국판 트위터인 '웨이보'에 충격적인 글을 올렸다.

그는 '스융신이 베이징대 여대성과 부적절한 관계를 맺고 아들까지 출산했다. 이들은 지금 독일에 있는 스융신의 별장에 있다. 그뿐만이 아니다. 스융신이 중국 여배우들과도 부적절한 관계를 맺었으며 190억 위안^{약 3조 4,000억 원}의 비자금을 조성해 해외에 은닉하고 있다'고 주장했다.

스융신은 1999년 소림사 주지로 부임한 뒤 쿵후 쇼와 영화 제작, 기념품 판매 등 적극적인 수익 사업에 나섰으며, 영국과 독일 등 세계 각국에 40여 개의 사업체까지 운영해 '소림사의 CEO'라는 별명까지 얻은 인물이다.

승려복 입은 CEO······ 소림사 주지 스융신

또 55만 위안, 우리 돈 1억 원이 넘는 고급 외제차는 물론 첨단 IT 제품을 가지고 다닐 뿐 아니라 1년 중 적지 않은 시간을 중국 각지나 해외에서 보내며 오직 특급 호텔에서만 잔다는 소문도 있다. 한쪽에서는 '승려 옷을 걸친 장사꾼'이라고 폄하하지만, 다른 한쪽에서는 중국 문화 산업의 새 장을 열었다고 평가한다.

그에 대한 루머는 이번 사건이 있기 5개월 전에도 한 차례 인터넷을 휩쓸었다. 스융신이 돈을 주고 매춘부를 고용했다가 공안에 체포됐다는 글이 인터넷에 오르자 급속히 퍼진 것이다. 그 당시 소림사는 터무니없는 이야기라며 공안 당국에 루머 유포자 처벌을 요구했지만 수사가 제대로 이뤄지지 못해 사건은 흐지부지 일단락되고 말았다.

이후 또다시 이런 사건이 터지자 소림사 측은 발설자를 반드시 찾아내 처벌해야 한다고 주장했다. 소림사 측은 '소림사 부근 관광지 정비를 위해 이 일대 가옥이 강제 철거됐고 주민들이 쫓겨났다'며

'행정 당국이 받을 원망을 소림사가 대신 받으면서 불똥이 스융신 주지에게 튄 것'이라고 주장했다.

그러나 공안 당국이 사건을 소극적으로 처리하면서 아직도 루머를 퍼뜨린 장본인을 잡지 못하고 있다.

돈벌이 나선 소림사, 문화 보존은 나 몰라라

스융신 주지에 대한 루머는 문화 사찰인 소림사가 사업체로 변화하는 것에 대한 중국인들의 거부감이 작용했을 가능성이 크다. 특히 소림사 운영이 스융신 주지와 몇몇 간부들에 의해서만 이뤄지고 있으며 수익 관리도 비밀리에 이뤄지고 있어 더욱 반감을 불러일으켰다는 분석이다.

2011년 5월 소림사는 기능성 차와 목욕용품 시장에 진출하기 위해 '소림약국'이라는 상표를 등록했다. 상표평가심사위원회가 '의약 성분이 함유된 것으로 오인할 수 있다'며 반대했지만 스융신 주지의 의지는 확고했다.

그는 이에 앞서 '소림' '소림사'라는 상표를 200여 개 항목으로 세분화해 등록해 상표권 수익만 수십만 위안을 거둬들이고 있다. 그는 또 지방 정부와 함께 소림사를 활용한 관광과 교육 사업을 적극적으로 벌였다.

2008년 초연 이후 수천 명의 관객을 끌어모으고 있는 장이머우 감

후통에 들어선 스타벅스

독 연출의 〈선종소림 음악대전〉은 500여 명의 출연자가 노래와 춤을 선보이는 버라이어티쇼다. 매일 밤 벌어지는 이 쇼의 수익은 상상을 초월한다.

소림사가 개설한 무술 학교의 학비는 한 해 1만 위안[170여만 원]에 달하지만 지원자가 중국 전역에서 몰려오고 있으며, 유아반에서 대학 과정까지 2,800여 명이 재학 중이다. 이러한 무술 학교는 해외 분점까지 냈다.

협찬을 받는 일 정도는 예사다. 최근 팥죽 공양 행사에 신화보험 허난지사의 후원을 받아 여론의 도마 위에 올랐다.

관광을 활성화하는 것은 바람직한 일이지만 과도한 상업화로 문화 사찰 본연의 모습을 잃게 되는 수준까지 이르자 정부가 직접 발벗고 제재에 나섰다.

정부는 소림사의 관리 상태가 최고 여행지 등급인 5A 기준에 미치지 못한다며 등급을 박탈할 것이라고 경고했다. 정부가 이 같은 조치를 취한 근거는 소림사 부근에 잡상인이 판을 치고 있으며 승려 복장을 한 점쟁이까지 등장해 문화 유적으로서의 소림사 이미지를 흐리고 있기 때문이다.

소림사는 여행 안내 자료도 부실하고 가이드의 수준도 크게 떨어진다는 정부의 평가를 받았다. 화장실과 주차장의 서비스 수준도 엉망이었으며 가장 중요한 것은 여행객들을 제대로 통제하지 못해 소림사 내 탑림 등의 자연 경관이 훼손됐다는 점이다.

이 같은 이유로 최근에는 관광객이 한 해 만에 절반 가까이 급감했다. 중국 전역에 관광객이 늘고 관광 수입이 증가한 것과는 확연하게 대조되는 결과다.

'문화보다 돈'······ 파괴되는 중국 유산들

돈 때문에 문화가 파괴되는 일은 비단 소림사뿐만이 아니다. 베이징에 도착한 관광객들이면 꼭 체험해 보는 것이 있다. 인력거를 타고 후통을 돌아보고 사합원에 들르는 일이다.

후통은 베이징의 골목을 말하는데 예전에는 칼을 가는 사람, 연탄 장수, 고구마 장수가 바쁘게 드나들며 생업을 잇던 곳이다. 그래서 가장 베이징스러운 곳 중 하나였다.

사합원은 중국의 전통 집 구조를 말한다. 네 채의 건물이 모여서 가운데 마당을 중심으로 이루어진 집으로 한글의 'ㅁ'자 모양이다. 북서풍을 막아 주고 외부 침입에 대비할 수 있게 지어진 구조다. 우리가 잘 아는 자금성도 따지고 보면 이 사합원 구조로 되어 있다.

후통이 사라진 건 중국이 도시화를 이루면서부터다. 명조 시기 458계에서 청조로 넘어가면서 978계로 늘어난 후통은 개혁 개방을 시작한 80년대에는 3,700여 계로 증가해 최고로 발달했었다. 그러나 지금은 도로 건설과 빌딩 개발로 이중 40%도 채 남아 있지 않다.

사합원도 점점 훼손되고 있다. 최근 중국 건축학 대가인 량스청과 린후이인 부부의 옛집이 부동산 개발상에 의해 기습 철거되는 사건이 있었다. 이들의 집은 문화적인 보존 가치가 상당히 높았지만 돈에 눈먼 개발상과 당국의 안이한 대응으로 하루아침에 쓰레기 신세가 됐다.

천혜 환경을 자랑하는 하이난다오 섬도 돈 때문에 몸살이다. 골프장 난개발이 그것이다. 중국은 지난 2004년 '신규 골프장 건설 중단에 관한 통지'를 발표했다. 따라서 2004년 이후 건설된 신규 골프장은 기본적으로 불법이고 무허가다. 그러나 골프장 업주들은 지방 정부로부터 체육공원 등으로 편법 허가를 받아 영업을 계속하고 있다.

단속에 나서야 할 지방 정부가 골프장이 들어서면 관내가 개발되고 세수가 느는 효과를 기대할 수 있어 골프장들의 불법 영업을 눈감아 왔기 때문이다.

중국 하면 떠오르는 만리장성도 수많은 관광객의 방문에 따른 훼손으로 심각한 상황이다. 총 길이가 8,800km나 되는 이 유적은 군데

군데 낙서로 뒤덮였고, 심지어는 곳곳에서 캠핑을 하거나 유흥판이
벌어져 쓰레기로 뒤덮이고 있다. 그러나 당국은 관람료 수입 때문에
이를 제한할 생각이 없어 보인다.

6

수천억 원대 중국 부호들,
연이은 자살

_ 사채와 원저우 사태

수천억 원대의 자산을 보유한 중국 부호들이 잇따라 자살을 택하고 있다. 개인 재산만 40억 위안^{약 7,160억 원}을 보유하고 있던 후이룽그룹 진리빈 회장은 2011년 자신의 몸에 불을 지르고 스스로 목숨을 끊었다. 과로사도 아니고 그만한 재산을 가지고 남부럽지 않게 살고 있던 그룹 회장의 자살은 중국 사회에 큰 충격을 가져다주었다.

진 회장을 죽음으로 몰고 간 것은 다름 아닌 사채 빚 때문이었다. 당시 진 회장은 13억 위안^{약 2,327억 원}의 빚을 지고 있었고, 그중 사채가 무려 11억 5,000만 위안^{약 2,058억 원}이었다.

문제는 이자였다. 중국의 사채 시장에서는 10만 위안^{약 1,790만 원} 이상 돈을 빌릴 경우 복리 3%로 계산되는데 이 계산대로라면 진 회장은 매달 이자만 1억 8,000만 위안^{약 322억 원}을 내야 했다. 수천억의 재산도 금세 사채 이자로 사라질 수 있다는 이야기다.

100

사채 압박을 이기지 못해 자살을 택한
후이룽그룹 진리빈 회장

　거기에다 그는 친구들에게까지 피해를 입혔다. 공무원이나 교사를
하고 있던 친구들에게 높은 이자를 주겠다며 그들의 명의를 빌려 사
채를 쓴 것이다. 그에게 돈을 빌려준 사람은 그의 자살 소식에 충격
을 받고 심장마비로 급사하기도 했다.

　그 외에도 억만장자의 자살은 계속 이어졌다. 주광그룹 루리창 이
사장이 자신의 사업체가 있는 저장성의 한 호수에서 익사체로 발견
됐다. 그는 2억 5,000만 위안$^{약\,447억\,원}$의 금융기관 대출금과 1억 5,600
만 위안$^{약\,279억\,원}$에 달하는 사채를 안고 있었다. 경영난이 심해져 여기
저기서 돈을 빌려 쓰다 감당 못할 지경이 되자 스스로 목숨을 끊은
것이다.

　이런 비극은 중국 경제가 급성장하면서부터 예견된 것이었다.
2003년에도 허난성 최고 갑부라고 소문났던 차오진링 황허그룹 회
장이 9억 5,000만 위안$^{약\,1,700억\,원}$의 채무 소송을 비관해 목을 맨 채 자
신의 별장에서 발견됐고, 2005년에도 8개의 계열사를 거느린 산시

신룽그룹 자오언룽 회장과 산시진화 쉬카이 부총재, 천닝하궁다 자오칭빈 회장이 투신자살을 선택했다.

야반도주도 잇따랐다. 저장신타이그룹의 회장은 거액의 사채를 감당하지 못해 미국으로 야반도주했다가 최근 다시 귀국했다. 원저우 시가 거대한 사채 시장으로 변하면서 기업 사장들의 자살이 잇따르자 정부가 나서서 빚 독촉을 금하고 분할 상환할 수 있도록 권유하는 등 중심을 잡아 줬기 때문이다. 그가 진 빚은 약 20억 위안^{약 3,580억 원}, 그런데 이자만 매달 2,500만 위안, 우리 돈 46억 원이었다.

자살 원인은 정부의 긴축과 대기업의 돈놀이?

중국의 부호들은 높은 이자율의 사채에 손을 댔기 때문에 자살로 내몰렸다. 그러나 이들이 사채에까지 손을 내밀 수밖에 없었던 원인을 살펴보면 중국 정부의 긴축 압박과 대출 억제책 때문이라는 분석이다.

중국 정부는 2011년부터 2012년까지 5차례나 금리를 올리고 12차례나 지급 준비율을 인상했다. 지난해 중순에는 상업은행의 지급 준비금 적립 대상에 그동안 예외로 인정했던 보증금 예금까지 포함시키기로 했다.

보증금 예금은 은행이 고객으로부터 담보용으로 예탁 받은 금액으로, 인민은행은 신용보증금, 화물선취보증금 그리고 은행이 승인한 태환외화보증금 등 3대 보증금 예금을 지급 준비율 적용 대상에 포함시킬 것을 지시했다.

이렇게 되면 6개월간 은행에 동결되는 자금이 무려 9,000억 위안^약^{161조 원}이 된다. 지급 준비율을 0.5%포인트씩 2~3차례 인상하는 효과에 해당한다.

은행에 자금이 묶이게 되면 당연히 대출할 수 있는 한도는 적어진다. 특히 중소기업 대출 상황은 더욱 악화된다. 대출금이 줄어들면 은행은 당연히 담보가 우량한 국영기업 위주로 대출을 실행하기 때문이다.

이 때문에 중소기업들의 도산은 2011년 초부터 심화돼 왔다. 중소기업들은 상황이 악화되면서 제2금융권이나 제3금융권, 사채 시장에서 자금을 끌어다 쓸 수밖에 없게 된 것이다. 일부 신문에 따르면 사채의 월금리는 6~8%, 연리로는 72~96%에 달했다. 일부 사채 회사는 은행의 1년 기준 대출 이자 6.65%의 18배에 달하는 연리 120%까지 부르고 있었다.

돈이 되는 장사라고 판단되자 대기업들도 나서서 사채업에 손을 댔다. 중국의 공시 자료에 따르면 2011년 상반기에 52개의 대기업이 모두 112건의 위탁 대출을 실행해 누적 대출액이 160억 위안^{약 2조}^{8,600억 원}을 넘어섰다. 한 해 전보다 38% 증가한 수치다.

대기업이 중소기업에 돈을 빌려 주고 고리대를 받으면서 6개월 만에 저장성에서만 1만 4,447개 중소기업이 자금난으로 도산했다는 통계가 나오기도 했다

원저우, 제조업 산실 →
사채 시장 → 금융개혁지구

앞서 언급한 고리대의 폐해를 가장 잘 보여 주는 사건이 바로 '원저우 사건'이다.

저장성 원저우는 중국 민영 제조업의 산실이다. 많은 인구에 비해 경작할 땅이 적었던 원저우에서는 일찍부터 장사를 하는 사람들이 많았다. 심지어는 1970년대 문화대혁명으로 중국 전역이 혼란스러울 때도 몰래 물건을 만들어 내다 팔았다.

1978년 중국의 개혁 개방이 시작되면서 원저우 상인들은 중국 최초의 민영 기업을 세우고 전 세계로 물건을 만들어 팔았다. 가장 큰 자랑거리는 역시 신발이었다. 2000년대 스페인과 유럽의 신발 회사들은 이 원저우산 신발로 인해 곤혹을 치렀다. 브랜드 파워는 없었지만 낮은 가격 대비 품질이 믿기지 않을 정도로 좋았기 때문이다. 유럽의 중저가 신발 시장은 '메이드 인 원저우'의 차지가 됐다.

신발뿐 아니라 안경, 라이터, 면도기 등 일용품 시장도 원저우산이 장악했다. 당시 원저우에서는 연간 8억 개의 라이터가 만들어졌는데 세계 시장 점유율이 무려 80%에 달했다. 인구 140만의 작은 도시에 라이터, 안경, 면도기 업체가 무려 3,000여 개에 이르렀고 이 세 가지 제품의 생산 규모만 72억 위안^{약 1조 2,900억 원}에 달했다.

이러한 민간 기업에 돈을 대는 주체는 마을 사람들이었다. 온 마을 사람들이 친척들과 지인들의 자금을 모아 잘될 만한 기업을 키우는 것이다. 이런 일은 주로 여자들이 담당했는데 생각보다 돈이 됐다.

이것이 원저우 사채의 시발점이었다. 사채가 실제 장사보다 더 이득이 된다고 생각하면서 사채 자금과 사채 시장은 눈덩이처럼 커졌다.

2011년 기준으로 원저우의 사채 시장을 형성하는 대출 기업은 800여 곳으로 대출 규모는 1조 위안^{약 162조 8,000억 원}에 달했다. 개인으로 따지면 원저우 주민의 70% 정도가 사채업과 관련돼 있다는 통계도 있다.

이들은 주로 중소기업에 돈을 빌려 주고 챙긴 이득으로 부동산 시장에 투자했다. 전국 주요 도시와 캐나다, 미국, 두바이 등 해외까지 돌며 고급 아파트와 돈이 될 만한 땅을 싹쓸이 했다. '원저우 투기단'이라는 말까지 생길 정도였다.

그러나 중국 정부의 긴축 정책으로 부동산 규제가 강화되고 은행 대출이 어려워지면서 부동산 투자를 하던 사채업자들과 돈을 빌리던 기업인들 모두가 몰락의 길로 들어서게 됐다. 원저우 경제의 거품이 터진 것이다.

이에 따라 정부는 시급히 원저우를 살릴 방안을 마련해야 했다. 원저우 주민의 70%가 넘는 사람들이 사채업을 하고 있었기 때문에 이를 양성화시키는 방안만이 원저우를 살릴 수 있다는 결론을 내렸다.

원자바오 총리는 2012년 초 원저우를 금융종합개혁 시범구로 지정해 사채를 양성화하고 개인의 해외 투자를 허용하기로 했다. 원저우의 자본 규제를 완화하고 민간 금융을 활성화하는 거대한 실험을 시작한 것이다.

우선 음성적으로 기업에 돈을 빌려 주던 사채업자들로 하여금 제2

금융회사를 설립할 수 있게 하고 금융 당국의 관리 감독을 받게 했다. 이는 사채로 인한 줄도산 사태라는 난국을 타개하기 위한 불가피한 조처였다.

중국 최초로 개인의 해외 투자도 허용됐다. 이로써 원저우 민간 자본은 해외 직접 투자를 통해 법인 신설, 기업 인수 합병, 지분 참여 등을 할 수 있게 됐다.

원저우 사태……
중국 긴축의 막을 내리게 하다

원저우 사태 이후 중국 지도부는 정부의 긴축 정책으로 인한 기업들의 자금난을 심각하게 받아들이기 시작했다. 원자바오 총리는 현장 시찰에 나섰고, 정부는 긴축이 유럽발 금융 위기로 인한 수출 기업들의 어려움을 가중시키고 있다는 것을 인지하고 곧바로 미세한 거시 정책 조정에 들어갔다.

물론 거시적으로 보면 중국 경제 둔화 가능성이 커지면서 긴축 시기를 저울질하고 있었던 차에 마침 원저우 사태가 터지면서 경기 부양을 시작할 수 있는 물고를 텄다고 하는 게 조금 더 정확한 표현일 것이다.

원저우 사태 이후 정부는 계속 올리기만 하던 지급 준비율을 내리기 시작했고 달러 대비 위안화 가치도 동결됐다. 부동산 억제도 다소 완화 조짐을 보였다.

원 총리는 당초 '아파트 가격이 오르는 것을 근본적으로 막겠다'
며 부동산 시장 긴축에 대해 강경 입장이었지만, 최근에는 라디오
방송에 출연해 '지방 정부들이 부동산에 대한 규제책을 유지하는 대
신 저소득층을 위한 주택 공급에도 노력해야 한다'며 다소 완화된 입
장을 밝혔다.

정부가 '주택 구입 제한 정책'을 묵시적으로 완화하고 있는 정황도
포착됐다. 2012년 5월 들어 신규 주택 매매 건수가 25%나 급증하고
가격도 상승했다. 세금 인하 정책으로 기업 투자를 늘리겠다는 전략
도 발표했다. 특히 상하이 지역 기업들에 대한 기업세를 세율이 더
낮은 부가가치세로 대체할 전망이다.

정부 차원에서도 돈을 풀기 시작했다. TV, 자동차 등의 소비를 촉
진하기 위해 353억 위안^{약 6조 3,000억 원}을 시장에 뿌렸다. 소비자들이 제
품을 사면 구입비 일부를 보조금으로 지급하는 방식이다. 2008년 금
융 위기 때의 '이구환신^{신제품 구입 시 중고품을 가져오면 구입비 일부를 주는 정책}'과 '가전
하향^{농민들이 가전제품을 구매하면 보조금을 지급하는 정책}'을 확대·부활시킨 것이라 할 수
있다.

7

'대충대충' 문화가 만든 비극

_ 원자재 값 오르면 철근 대신 갈대 줄기?

장쑤성 타이저우에서 한 남성이 차를 후진시키다 난간을 뚫고 하천에 빠지면서 사망하는 사건이 발생했다. 그런데 이 사건은 이 남성의 사망과는 별도로 황당한 일로 유명해졌다. 부서진 난간에서 콘크리트 사이로 철근이 아닌 갈대 줄기가 발견됐기 때문이다.

원자재 가격 상승으로 시공 건설사가 철근이 아닌 갈대 줄기로 공사를 진행시킨 것이다. 이 사건은 중국 '두부 공정^{쉽게 무너지는 건물을 짓는 것을 비유하는 말} 종결자' 라 불리며 삽시간에 언론을 통해 퍼져 나갔다.

87억 위안^{약 1조 6,000억 원}을 들여 건설한 고속도로도 개통 6개월 만에 구덩이가 패이고 균열이 생기면서 부실 공사 의혹이 커지고 있다.

중국 간쑤성 휘얼궈쓰에서 롄윈강을 잇는 롄휘고속도로 곳곳에서도 이 같은 현상이 일어나고 있다. 고속도로 이용자들은 '시골 비포장도로를 운전하는 느낌' 이라며 시공 업체가 원자재 값을 아끼기 위

한 남성을 사망에 이르게 한 부실 공사 현장, 철근 대신 갈대 줄기를 사용했다

해 값싼 자재를 사용했을 것이라 의심했다.

원난 뤼춘 2급도로 부실 공사 의혹도 네티즌들의 폭발적인 관심을 끌었다. 한 누리꾼이 '웨이보^{중국판 트위터}'에 '얼마 전 뤼춘도로를 달리던 승합차가 돌연 하늘로 날아오르는 장면을 목격했다. 알고 보니 도로가 붕괴돼 낭떠러지로 떨어진 것이었다'는 글을 올리면서 하루 클릭수가 30만 건을 넘었기 때문이다.

그러나 뤼춘현 관련 부처는 장마철에 접어들면서 폭우가 자주 쏟아지고 있다며 산사태로 인한 일반적인 도로 붕괴 사례라고 밝혔다. 하지만 중국의 부실 공사는 어제오늘의 문제가 아니기 때문에 네티즌들의 의혹이 사그라들지 않았다.

건물이 갑자기 붕괴되는 사고도 곳곳에서 일어났다. 산시성에 있는 타이위안시 거리의 지반이 붕괴되면서 구멍이 생기자 한 시간 후

바로 옆 병원 건물에 균열이 발생하면서 무너져 내린 사고도 있었다. 헤이룽장성 하얼빈시에서는 인근에서 실시한 터 파기 공사 때문에 아파트 한쪽 부분이 완전히 무너지는 어처구니없는 사고까지 발생했다.

아시아 최대 규모이자 베이징의 얼굴이라고 할 수 있는 서우두공항도 부실 공사 의혹을 피해 갈 수 없었다. 거액을 투자해 2008년 베이징올림픽을 앞두고 오픈한 서우두공항은 첨단 시설과 거대한 규모로 세계인들을 놀라게 했다. 그러나 2011년 말 시속 86km의 10급 강풍이 불자 지붕이 날아가는 사고가 발생했다. 신청사인 T3의 지붕이 파손돼 날아가는 바람에 활주로에 누런 석면이 붙은 단열재가 날아다녔다.

오픈 당시 서우두공항은 100년에 한 번 올 수 있는 12급 강풍에도 끄떡없도록 설계됐다며 자랑했지만, 10급 강풍에 어이없이 무너진 것이다. 이 공항은 2009년에도 강풍에 지붕이 파손돼 항공기 200여 대가 꼼짝하지 못하는 일이 일어났던 터라 부실 공사 의혹은 더욱 증폭됐다.

10만 명에 가까운 사망자를 낸 2008년 중국 쓰촨 대지진 당시에도 부실 공사로 사고를 키웠다는 지적이 있었다.

쓰촨성의 환경운동가 탄쭤런이 피해 현장을 조사한 결과 2,000여 곳의 학교 건물이 지진 피해를 입었으며 그중 20여 곳이 부실 공사로 완전히 무너졌다. 어린이 희생자의 80%가 이 부실 건물 안에서 숨진 것으로 알려졌다. 탄쭤런은 '부실 공사가 아이들의 죽음을 불러왔

하얼빈 아파트 붕괴 현장

다'고 주장했다가 '체제 전복 선동' 혐의로 기소돼 징역 5년을 선고받고 복역 중이다.

'마마후후' '차부뚸어'……'대충대충'이 만든 비극

"고층 아파트를 지으면 상부를 먼저 만들고 지하 주차장을 나중에 만들죠. 시멘트 대신 두부를 섞기도 합니다. 그래서 '두부 공정'이란 말이 생겨났죠."

중국의 건축 풍조에 대해 한 교수가 던진 말이다. 이런 풍조는 사실 건축뿐 아니라 사회 전반에 걸쳐 있는 중국인의 습성과도 같다. 중국인들은 '마마후후馬馬虎虎'라는 말을 자주 쓰는데 '세심하지 않고 얼렁뚱땅 넘어가는 것'이라는 뜻이다.

이런 단어가 자주 쓰이는 것만 봐도 꼼꼼하지 않고 논리적이지 않으며 대충대충 일을 하는 것이 습관화된 것을 알 수 있다. 두부 공정도 이 같은 습성에 기인한 바가 크다. 비슷한 말로 '차부뚜어差不多'라는 말도 있다. '별 차이 없이 대충 같다'는 뜻이다.

중국의 문학가 후스가 남긴 유명한 저서 《차부뚜어 선생》은 차부뚜어라는 단어를 통해 중국인들의 단점을 해학적으로 풀어낸 것으로 유명하다.

그의 글 중 한 대목을 살펴보자.

주인공인 차부뚜어 선생은 무엇이든 대충하는 습성이 있다. 어렸을 때 그의 어머니가 누런 설탕을 사오라고 보냈는데, 그는 흰 설탕을 사 가지고 왔다. 어머니가 그를 꾸짖자, 그는 고개를 갸우뚱거리며 생각했다.

'누런 설탕이나 흰 설탕이나 별 차이가 없지 않은가?'

그가 학교에 다닐 때, 선생님이 '즈리성直隷省의 서편은 무슨 성인가?' 하고 그에게 묻자 '샨시陝西'라고 대답했다. 선생님이 '아니다. 그것은 샨시陝西가 아니라 샨시山西란다'라고 말하자, 그는 '샨시陝西나 샨시山西나 그게 그거 아닌가요?'라고 대답했다.

그의 대충대충 습관은 그를 죽음으로 내몰기까지 했다.

어느 날, 그가 갑자기 병이 들자 그의 가족에게 동쪽 길에 있는 왕汪 의원을 급히 청해 오게 했는데 그의 가족은 잘못 알아듣고 서쪽 길의 수의사인 왕王 의원을 데리고 왔다.

차부뚜어 선생은 병석에 누워 사람을 잘못 데려왔다는 것을 알아차렸으나 '왕王 의원이나 왕汪 의원이나 의원임에는 별 차이 없으니 그냥 진맥을 받도록 하지 뭐' 하다가 황천길로 갔다.

작가 후스는 꼼꼼하거나 정확하지 못해 심지어는 죽음과 삶조차도 명확히 하지 않는 차부뚜어 선생을 통해 중국인들의 습성을 꼬집고 중국이 게으름뱅이 나라가 되었다고 한탄했다.

지금 현재 중국은 놀라운 경제 성장을 이루며 자신들이 최고로 부지런한 국민이라고 자부하는 사람들도 있지만, 뿌리 깊이 박혀 있는 '차부뚜어' 습성을 버리지 못한 사람들도 많은 듯하다.

part 03

무소불위
문화대국으로의
비상

1 세계가 주목하는 '버림받은 작가들'

_ vs 중국이 환호하는 '세계적 작가들'

중국의 정신적 지주 루쉰이 연이어 굴욕을 당하고 있다. 2010년 이후 그의 작품이 중국 국어 교과서에서 퇴출됐고, 2009년과 2012년에 걸쳐 그의 고택이 철거당했기 때문이다.

2012년 3월 베이징 시청은 좌안타구 후룽 84호에 위치한 루쉰의 고택을 철거하고 그 주변 지역에 철거민용 거주 주택과 학교를 지을 계획이라고 발표했다. 이 고택은 루쉰이 1919년 고향 저장성 사오싱에서 올라와 14년간 베이징 생활을 할 당시 잠시 머물며 대표작인 〈축복〉을 집필한 곳이다.

시정부 측은 루쉰 고택이 문물 보호 단위도 아닌데다가 이미 수차례 철거와 재건을 반복해 왔다며 고택 철거는 아무 문제없다는 입장을 취하고 있다. 그리고 이번 루쉰 고택 철거에 대해 문물보호위원회 측에서도 허가를 한 것으로 전해졌다.

중국의 정신적 지주였던 루쉰의
작품이 최근 중국 교과서에서
퇴출당하고 있다

2009년에는 바다오완 후통 11호에 있던 집도 철거됐다. 이곳은 1923년 7월까지 3년 반 동안 루쉰이 머물렀던 집으로 대표작인 〈아Q정전〉〈고향〉〈외침〉《중국소설사략》 등을 썼던 역사적 장소였다.

루쉰의 굴욕은 고택이 철거되는 데 그치지 않았다. 2010년에는 그의 대표작인 〈아Q정전〉과 〈약〉을 비롯해 〈낭야산의 다섯 장사〉〈공작, 동남쪽으로 날다〉〈뇌우〉 등 20편이 교과서에서 퇴출당했다.

특히 루쉰의 〈아Q정전〉은 세계적으로 널리 알려진 작품으로 제국주의 국가들이 호시탐탐 중국을 노리는데도 민족주의 의식이 없는 중국 인민의 무지몽매함을 깨우쳐 호평을 받았다.

사실 〈아Q정전〉뿐 아니라 그의 대부분 작품은 민족주의 의식과 관계가 깊다. 시대가 그것을 원했기 때문이다. 그는 늘 작품을 통해 '중국인은 어떤 모습으로 역사 속에 위치해야 하는가' 라는 물음을 끊임없이 던져 왔다.

그러나 지금 중국이 그를 버린 것은 그의 물음이 시대정신과 맞지 않기 때문이다. 급속하게 성장하는 중국과 부지런해진 중국인들은 더 이상 천하고 나태한 '아Q'가 아니기 때문이다.

루쉰이 떠난 자리에는《허삼관 매혈기》《살아간다는 것》으로 잘 알려진 위화의 소설이 들어갔다. 특히 그의 두 번째 장편소설인《살아간다는 것》이 장이머우 감독에 의해〈인생〉이라는 제목으로 영화화되고, 이 작품이 칸영화제 그랑프리를 수상하면서 세계적으로 '위화 현상'을 일으켰다.

이후 위화가 발표하는 대부분의 작품은 흥행 돌풍을 일으켰다. 이제 사람들은 루쉰보다 위화가 던지는 '인생이란 무엇인가'라는 질문에 더 흥미를 느끼게 됐기 때문이다.

그 외에도 정치적인 이유로 일찍감치 중국에서 쫓겨났지만 세계인들의 주목을 받는 작가도 있다. 중국의 솔제니친이라 불리는 '베이다오', 중국의 노벨문학상^{프랑스 국적} 수상자 '가오싱젠'이 대표적 인물이다.

베이다오는 여러 차례 노벨문학상 후보로 올랐고 중국인들을 대상으로 한 최고 시인을 묻는 설문조사에서도 늘 1위를 고수하는 대표 시인이다. 그가 유명세를 탄 것은 역시 '톈안먼 사태' 때문이었다. 당시 그의 시〈대답〉은 '4인방 타도'를 외치는 피 끓는 중국의 청춘들을 톈안먼 광장으로 달려가게 했다.

그는 1989년 초 반체제 인사 웨이징성을 석방하라는 서명 운동을 발기했으며, 가열되고 있는 톈안먼학생운동을 지지하는 성명을 발표

중국의 '솔제니친'으로 통하는
시인 베이다오

하기도 했다. 이후 그는 정부를 피해 유럽 망명길에 오를 수밖에 없
었고 7개국을 돌아다니며 떠돌이 생활을 했다. 때문에 그에게는 '망
명 시인'이라는 닉네임이 붙었다.

그러나 이후 중국의 상황과 망명 생활은 그의 작품을 세계 최고 수
준으로 이끄는 데 큰 역할을 하게 된다. 그가 맞닥뜨린 중국의 정치
적 불합리성과 그에 대한 저항성이 그의 시에 힘을 불어넣어 주었기
때문이다.

그의 망명 전 작품을 보면 중국 현실을 비판하고 저항하지만 끝까
지 희망을 놓지 않는 작가의 마음이 잘 나타나 있다. 또 그것을 모호
한 상징적 단어를 통해 표현해 내고 있어, 의미를 하나하나 찾다보면
잔잔하지만 오히려 더 처절하게 느껴지는 감동을 불러일으킨다.

그는 지난 2011년에야 비로소 20년 만에 중국을 공식 방문할 수
있었다. 국제시가축제에 초청받았기 때문이다. 2001년에도 부친상

을 당해 베이징을 일시 방문했지만 중국 공안의 엄중한 감시 속에 상을 치른 뒤 곧바로 출국해야 했다.

그의 공식 방문은 중국이 대국으로서의 유연성을 보여 줬다는 의미 외에도 그가 세계 문학계에서 무시할 수 없는 위치에 올랐다는 것을 간접적으로 보여 준다. 또 앞서 언급했듯 중국에서 '이념'이라는 두 글자가 퇴색해 가고 있는 것도 한몫했다.

중국의 첫 노벨문학상 수상자 가오싱젠의 작품도 중국 당국의 탄압 속에서 더욱 유명해졌다.

문화대혁명 때 그는 재교육 대상자로 분류돼 전 작품이 불태워지는 수난을 겪었고, 이후 1983년에 발표한 〈버스정류장〉은 당국으로부터 역사상 가장 '반동적인' 연극으로 지목됐다. 4년 후 희곡 〈야만인〉과 〈또 다른 해변〉이 잇따라 판매 금지되자 그는 베이다오처럼 망명을 결심하게 된다.

그는 1988년 프랑스 국적을 취득했고 1989년 톈안먼 사건이 일어나자 중국 공산당을 탈당했다. 이후 기피 인물로 찍혀 전 작품이 상연 금지되는 수모를 겪었다. 그러나 그는 이후로도 프랑스에서 작품 활동을 계속했다. 톈안먼 사건을 소재로 한 〈도망〉, 2000년 노벨문학상 수상의 계기가 된 《영혼의 산》을 잇따라 발표했다.

최근 들어 가오싱젠의 작품이 서서히 중국에서 판매 금지가 해제되고 있다. 중국 당국이 베이다오의 입국을 허용한 것과 같은 맥락이라 보여진다.

프랑스 국적으로 중국 최초 노벨문학상을 받은 작가 가오싱젠

중국이 주목하는 세계적 작가 '이중톈'과 '위치우위'

반면 중국 당국으로부터 열렬히 환영받는 세계적 작가들도 있다. 《제국을 말하다》의 이중톈과 《중화를 찾아서》의 위치우위가 그들이다. 이들은 '중화제국'이라는 이름을 앞세워 중국인들의 민족주의를 자극하면서 서점가를 휩쓸고 있다.

이중톈과 위치우위도 다른 작가들과 마찬가지로 '문화대혁명'을 몸으로 겪었다. 이중톈은 1965년 고등학교를 졸업하면서 문화대혁명의 광풍에 휩싸였다. 결국 서북부 신장 위구르 자치구로 하방下放됐고, 이곳에서 혁명 열사로 탈바꿈하면서 겨우 목숨을 지켜냈다. 그는 신장에서의 생활을 '과거 시 속에 묘사됐던 그곳에서 생활하면서, 삶은 결코 시가 아님을 깨달았다'고 말할 정도로 신장에서 인생

《제국을 말하다》로 중국인들의 열
렬한 환영을 받는 작가 이중텐

의 쓴맛을 모두 경험했다.

위치우위도 마찬가지였다. 문화대혁명 시기 부친이 우파로 몰리
고 숙부가 조반파의 박해로 자살하는 아픔을 겪었다. 본인도 하방의
세월 속에서 눈물을 삼켰다.

그러나 이들은 시대적 아픔을 종이에 옮기지 않았다. 오히려 당시
유행하던 중국의 대국적 논의를 글로 옮기면서 유명세를 탔다.

이중텐은 2005년 중국 국영 방송인 〈CC-TV〉의 〈백가강단〉이라
는 프로그램에 나와 일대 센세이션을 일으켰다. 그러나 그것은 시작
에 불과했다. 2006년 같은 프로그램에서 〈삼국지 강의〉를 하면서
중국에서 가장 저명한 학자의 한 사람으로 이름을 날렸다.

그의 〈삼국지 강의〉는 중국에 《삼국지》 열풍을 재점화시켰고, 때
마침 경제 성장에 고무된 중국인들의 뿌리 찾기 열기와 맞물려 곳곳

'문화 립스틱' 이란 애칭으로 사랑
받고 있는 《중화를 찾아서》의 저자
위치우위

에서 고전 강독의 유행까지 불러일으켰다. 이런 분위기를 타고 같은
해 〈CC-TV〉는 다큐멘터리 〈대국굴기〉를 방영했고 중국은 '역사
신드롬'에 빠졌다.

이때를 놓치지 않고 이중톈은 2007년 《제국을 말하다》를 중국에서
출판했다. 2005년 홍콩에서 이미 출판된 책이었지만 이를 다시 중국
대륙으로 가져온 것이다.

위치우위는 '문화 립스틱'이라는 애칭을 얻을 정도로 중국인들에
게 사랑받고 있는 인문학자다. 그는 중국인에게는 가장 애매모호한
의미가 될 수 있는 '문화'를 스스로의 시각으로 풀어 나갔다. 반만년
문화유산이 도처에 널려 있어 자긍심을 높여 주는 것도 중국 문화지
만, 문화대혁명처럼 생각하고 싶지 않은 문화도 뼛속에 남아 있기

때문이다.

이처럼 넓디넓은 문화의 스펙트럼을 그는 하나의 본질로 꿰뚫는다. 거대한 역사나 웅장한 궁궐 대신 작은 언덕, 낡은 서재, 보통 사람들을 이야기하면서 역사가 바로 중국인들 가까이에, 손을 뻗으면 닿을 수 있는 곳에 공존한다는 사실을 알려준다.

그의 《중국문화기행》은 이런 독자들의 감성을 자극하면서 중국에서만 1,000만 부 이상 팔렸다. 현재 중국에서 가장 많은 인세를 받는 작가이기도 하다.

2

중국은 '모옌 신드롬'

_ 노벨문학상 수상으로 연간 수입 350억 넘을 듯

모옌이 중국 국적으로는 최초로 노벨문학상을 수상하면서 문화·출판계에 모옌 신드롬이 불고 있다. 신호는 주가에서 시작됐다.

2012년 10월 11일 밤 그의 노벨문학상 수상 소식이 전해진 뒤 다음 날 열린 중국 주식시장에서 신화좐메이, 창장좐메이, 아오페이 애니메이션 등 그의 작품과 관련된 상장 기업 6개가 '모옌 관련주'로 묶여 상한가로 거래를 시작했다.

중국의 대형 인터넷 서점인 '당당왕'에서는 그의 대표 작품인 《붉은 수수밭》^{영화명}과 《개구리》 등이 품절 사태를 이어 갔고 오프라인 서점에서도 그의 작품을 사려는 사람들이 몰려 절판 사태가 벌어졌다. 이에 따라 인민출판사와 상하이 문예출판사 등 주요 출판사들은 모옌 저서의 추가 인쇄에 들어갔다.

명예에는 돈도 따랐다.

2012년 중국 국적으로는 최초
노벨문학상을 수상한 작가 모옌

23일 〈중국경제주간〉은 그의 연간 수입이 2억 위안, 우리돈 353억
원에 이를 것이라고 분석했다. 노벨문학상 수상으로 받는 상금은 13
억 원에 불과하지만 출판 인세 수입이 상당하기 때문이다.

그가 노벨문학상 수상자로 선정된 후 1주일 만인 10월 17일 내놓
은 신작《우리의 징커》는 20만 부가 출간됐다. 원래는 10월 말 출간
예정이었지만 그의 수상 소식에 책 출판이 앞당겨졌다.

모옌 문집도 계획되고 있다. 총 20권으로 세트당 가격이 700위안[약 12만 3,000원]으로 책정됐는데 100만 세트를 인쇄할 예정이다.

이 문집이 다 팔린다고 가정하면 7억 위안, 그중 10%인 7,000만
위안[약 123억 원]이 저작권 수입이 된다.

모옌 소설로 영화 제작을 타진하는 감독들도 눈에 띈다. 중국 영화
감독 겸 각본가인 천추핑은 최근 모옌의 출판 대행사라는 곳에서 모
옌의 2001년작《탄샹싱》과 몇몇 작품들의 판권을 사지 않겠느냐는

국내에 소개된 모옌의 작품들

《개구리》민음사　　《사부님은 갈수록 유머러스해진다》문학동네

문의를 받았다며 고려 중이라고 말했다. 이들 작품은 모옌 스스로 영화화하기 적합한 소설이라고 추천한 바 있다. 일반적으로 영화로 만들어지는 소설의 원작자는 20~30만 위안$^{3,500~5,200만 원}$의 저작권료를 받는데 모옌의 경우는 1,000만 위안$^{약 17억 5,000만 원}$에 달한다.

모옌의 소설은 영화화를 위한 최적의 스토리를 가지고 있기 때문이다. 장이머우 감독의 〈붉은 수수밭〉이 그의 작품인 《홍가오량의 가족》을 영화화한 것이고, 〈행복한 날들〉이 《사부님은 갈수록 유머러스해진다》를 각색해서 만들어진 것인데 두 작품 다 히트를 쳤다.

모옌의 생가 주변도 문화 관광지로 조성된다. 그의 노벨문학상 수상 후 생가를 찾는 국내외 관광객이 늘어났기 때문이다.

생가 복원은 과거에도 여러 차례 추진됐지만 모옌이 거듭 거절 의사를 표시한 바 있다. 그러나 보수와 복원 작업을 끝내고 무료 개방한다는 데는 가족 모두 동의하는 것으로 알려졌다.

모옌의 생가는 1912년에 지어진 오래된 주택으로 1955년부터 군대에 입대하는 1976년까지 22년 동안 모옌의 출생 및 성장을 함께해 왔다. 따라서 이곳에는 모옌이 사용하던 오래된 물건과 삶의 흔적이 곳곳에 남아 있어 의미 있는 장소로 여겨지고 있다.

생가 일대는 약 6억 7,000만 위안[1,175억여 원]을 들여 수수밭을 중심으로 한 문화 체험 지역을 조성할 계획이다. 그의 작품을 영화화한 〈붉은 수수밭〉을 기념하기 위해서다.

제2의 모옌들…… '괴테가 될 것인가, 베토벤이 될 것인가'

중국 문화계가 모옌발 태풍에 휩싸였다. 모옌 생가의 복원 움직임이 일고 모옌의 작품이 교과서에 실리고 서점가는 그의 작품이 날개 돋친 듯 팔려 나가고 있다.

그러나 반향이 큰 만큼 비난의 목소리도 고조되고 있다. 반체제 인사들은 그를 어용 작가로 몰면서 그의 노벨상 수상이 부당하다고 연일 외쳐대고 있다.

반체제 예술가이자 대문호 아이칭의 자녀인 아이웨이웨이는 모옌이 늘 정부 편에 서 있었기 때문에 그의 노벨상은 문학에 대한 모독이자 노벨상선정위원회의 치욕이라고 언급했다. 중국 민주화 운동의 아버지인 웨이징성도 스웨덴의 한림원이 중국과 거래를 했다고 그의 수상을 폄하했다.

이들이 모옌을 비난하는 계기가 된 것은 그가 중국 작가 탄압의 계기가 됐던 마오쩌둥의 〈옌안 문예 좌담회 연설〉 출판 기념회에 참여해 1,000위안$^{약 18만 원}$을 받고 옌안 연설 중 일부를 필사했기 때문이다. 그는 자신을 정치적 감각이 없는 사람이라고 말하며 이 일이 이렇게 크게 문제를 일으킬 줄 몰랐다고 말했다. 감옥에 갇혀 있는 노벨평화상 수상자인 류샤오보와 대비되면서 그에 대한 비난의 강도는 더욱 높아지고 있다.

노벨상에 대한 중국 당국의 반응도 류샤오보 때와는 극적일 정도로 차이가 나기 때문이다. 리창춘 공산당 정치국 상무위원은 수상 다음 날인 10월 12일 작가협회에 축전을 보냈고, 공산당 기관지 〈인민일보〉는 축하 평론까지 실었다. 류샤오보 수상 뒤 중국에서 차단돼 있던 노벨위원회 사이트도 모옌 수상 발표 뒤 해금돼 접속이 가능해졌다.

하지만 모옌의 작품을 '공산당의 도구'로 비난하는 것은 적절치 않다는 반대 여론도 만만치 않다. 그의 많은 작품들이 문화대혁명 시기 민중들의 고통과 산아제한의 부당성을 날카롭게 묘사하고 있기 때문이다.

소설가이자 시인인 베이춘은 '작가는 성인이 아니며 정신적 모순이 허용된다'고 말했다.

모옌 스스로도 '사회와 고통 받는 사람들에게 관심이 있는 작가라면 자연스레 비판적이 된다. 비판은 문학 작품의 중요한 기능이라고 생각한다'며 자신이 친정부적 작가라는 논란을 반박했으며 '나를 비판하는 사람은 내 작품을 읽어 보지 않은 사람'이라고 지적했다.

또 그를 비난하는 데 자주 인용되는 '베토벤과 괴테 이야기'의 어용 작가 논란에 대해 불쾌감을 드러냈다.

그는 지난 2009년 독일 프랑크푸르트 북페어에서 이런 이야기를
했다.

"괴테와 베토벤이 나란히 길을 걸어가고 있는데 맞은편에서 왕
과 귀족들이 대거 몰려왔다.

베토벤은 가슴을 쫙 펴고 아무 일 없듯이 그들 사이를 지나갔
다. 그러나 괴테는 길 옆으로 물러나서 공손하게 모자를 벗어 경
의를 표했다 한다. 젊었을 땐 베토벤이 용기 있는 대단한 사람이
고 괴테는 비열한 겁쟁이라고 생각했다. 그러나 나이가 먹으면
서 생각이 바뀌었다. 괴테의 행동이 베토벤보다 더욱 큰 용기가
필요하다는 것을 알게 됐다."

이 이야기는 당시 반체제 인사들에게 곱씹어지며 모옌을 비난하는
데 자주 언급됐다.

노벨문학상 수상 후 이 이야기가 다시 수면 위로 떠오르자 중국 대
표 언론인 〈남방일보〉와의 인터뷰에서 모옌은 이런 말을 했다.

"모두가 나의 숨은 뜻을 알아야 한다. 그 당시 음악가들은 귀족
이나 왕에 귀속된 사람들이었고 그들의 환심을 사지 않으면 당
장 굶어 죽어야 하는 처지에 있었다. 그래서 '왕은 여러 명이지
만 베토벤은 하나다'라며 귀족들과 왕에게 당당하던 베토벤

이 멋있어 보였다. 그러나 나이가 들고서야 알았다. 왕과 귀족을 향해 고개를 숙였던 괴테는 일반 백성들처럼 왕으로 상징되는 국가의 존엄에 대해 예의를 보인 것이다.

반체제 인사들의 논리에 따르자면 영국의 윌리엄 왕자의 결혼식, 다이애나 왕세자비의 장례식에 예의를 보였던 사람들은 모두 비열하고 용기 없는 사람이다. 그들에게 도전하고 욕설을 퍼부어야 용감한 사람인가?

대다수의 인민들처럼 세속의 예의를 인정하는 것은 정상적인 것이다. 스스로를 베토벤이라 생각하고 그를 따르하는 사람들이 더 가소롭다."

이러한 논란 속에서 중국의 신진 작가들은 괴테가 되어야 할지 베토벤이 되어야 할지 고민에 휩싸여 있다.

상복 터진 중국……
'하드웨어에서 소프트웨어까지 굴기堀起'

올해 중국은 상복이 터졌다. 모옌이 노벨문학상을 수상한 것 외에도 건축계의 노벨상이라 불리는 프리츠커상에 중국의 건축가 왕슈가 선정됐다.

중국 건축가가 이 상을 받은 것은 처음이며 아시아에서는 일본에 이어 두 번째다. 그가 외국 유학을 하지 않은 토종 중국 건축가라는 것도 화제다.

그는 중국 남부 항저우와 상하이 부근 닝보에서 중국적인 느낌과 현대 건축을 접목시킨 작품을 주로 선보여 왔다.

이 같은 현상은 중국이 세계 2위의 경제대국이 될 정도로 국력이 신장되면서 문학과 건축 등 예술 분야에서도 중국인들이 급부상했기 때문이라고 분석하고 있다.

경제를 무기로 하드파워를 세계에 선보인 중국이 이제 소프트파워로 위상을 떨치기 시작했다는 이야기다.

과거에도 중국의 대문호였던 루쉰과 라오셔, 그리고 션총원 등이 노벨문학상에 이름을 올렸지만 당시 그들의 작품이 세계적으로 알려지기는 쉽지 않았다.

열일곱 번이나 노벨문학상 선정위원회 주임을 맡았던 스웨덴의 유명한 시인 셸 에스마크에 따르면 제1차 세계대전 전에는 노벨문학상 선정 시스템이 제대로 갖춰지지 않아 중국어를 모어로 쓰는 펄벅의 《대지》가 노벨문학상을 받기 전에는 아시아 작가에 대해 거의 관심을 기울이지 않았다고 지적했다.

그 뒤 아시아 작가에 대한 관심을 기울이면서 루쉰과 라오셔, 션총원 등의 수상이 거론됐지만 루쉰은 스스로 거절했고 라오셔는 일본 작가와의 경합에서 졌다. 특히, 션총원은 수상자로 가장 유력했지만 노벨문학상 발표 5개월 전에 사망했다. 그러나 이들의 이런 스토리는 전혀 알려지지 않았다. 중국이란 나라에 대한 관심이 크지 않았기 때문에 중국 작가들의 작품 세계가 인정받기 힘든 부분도 있었기 때문으로 분석된다.

이번 모옌의 노벨문학상 수상도 이런 '국력'의 관점에서 접근하는 사람들이 있다. 류샤오보 사건으로 중국과 척을 지고 있던 한림원이 중국과의 관계 개선을 위해 모옌을 선택했다는 것이다.

사실 중국인들에게 노벨상은 애증 그 자체다. 1957년 중국계 미국인인 양천닝 교수가 노벨물리학상을 받았고, 2009년에는 중국계 영국인 찰스 가오 교수가 노벨물리학상을 공동 수상했다. 이때 중국 언론들은 중국계 외국인들이 노벨상을 받는 것이 중화인들의 자질이 노벨상을 받을 만큼 충분하지만 환경이 조성되지 못했기 때문이라는 자성 어린 목소리를 내기도 했었다.

그러나 2000년 반체제 인사로 분류된 프랑스 국적의 가오싱젠이 노벨문학상을 수상하고 2010년 류샤오보가 노벨평화상을 수상하면서 중국 정부는 노벨상에 대해 노골적으로 불쾌감을 드러냈고 노르웨이에 대한 경제 보복도 감행했다.

그러나 이번 모옌의 수상에 대해서는 중국 스스로도 '중국의 종합 국력과 국제적 영향력 상승'이고 '중국 주류 문화에 대한 서방 세계의 수용'이라고 극찬했다.

중국 뮤지컬 '규모의 승리'

_ 세계 3대 시장으로 급부상

노래를 잘 부르는 류씨네 셋째 딸. 그녀는 동네 한 총각과 사랑에 빠진다. 그들 사랑의 걸림돌은 부족장에게 있는 망나니 아들하나. 그러나 결국 그들은 부족장과 맞서 싸워 결혼을 쟁취하게된다.

중국 최고의 감독 장이머우가 1,654㎢ 넓이의 리강^{灕江}을 무대 삼고, 이 지역에 전해오는 전설과 12개의 산봉우리를 배경 삼아 만든 산수 실경 뮤지컬 〈인상 류산지에^{印象·劉三姐, 인상유삼저}〉의 내용이다. 5년 5개월의 준비 끝에 2004년 3월 20일 중국의 절경 구이린^{桂林, 계림}에서 첫선을 보인 이 작품은 마을 주민들까지 포함해 600여 명의 배우가 작품에 출연했다.

구이린의 산수를 배경으로 중국 최대 스케일로 펼쳐지는 장이머우의 걸작 〈인상 류산지에〉의 한 장면

장이머우의 〈인상^{印象} 시리즈〉는 중국 현지는 물론 해외에서도 가장 반응이 뜨거운 공연이다. 실제 관광 명소를 배경으로 거대한 스케일을 자랑하는 작품을 만들고 단체 여행객과 해외 여행객을 주요 관객으로 삼았다.

구이린에서 시작된 장이머우의 인상 시리즈는 리장^{麗江}, 시후^{西湖}, 하이난다오^{海南島}, 우이산^{武夷山} 등 중국의 명승지를 따라 흥행 행진을 계속하고 있다.

장가계^{張家界}의 〈천문호선^{天門狐仙}〉, 그리고 항저우의 〈송성^{宋城}가무쇼〉도 '인상 시리즈' 만큼은 아니지만 손꼽히는 산수 실경 뮤지컬 중 하나다.

산수 실경 뮤지컬은 우선 거대한 스케일을 최고의 자랑거리로 삼는다. 앞서 언급한 대로 웅대한 산수 실경 그 자체를 무대로 삼았기 때문이고, 그 실경을 모두 채울 만큼의 출연 인원 또한 어마어마하기 때문이다.

투자금도 대단하다. 인상 시리즈 중 〈인상 리장^{印象麗江}〉의 경우 약 20억 5,000만 위안^{3,660여억 원}이 투자됐으며, 다른 공연들 역시 억 위안대의 자금이 투자됐다.

관광객을 대상으로 한 산수 실경 뮤지컬 외에 창작 뮤지컬과 해외 라이선스 뮤지컬도 중국 시장에서 빠르게 성장하고 있다. 중국의 대표적 창작 뮤지컬로는 한국에도 소개된 바 있는 〈디에^蝶-버터플라이〉가 있는데, 우리가 잘 아는 '양산박과 축영대' 의 아름답고 슬픈 사랑 이야기를 주제로 하고 있다. 이 뮤지컬 역시 스케일에서 청중을 압도한다.

3년 동안 100억 원의 제작비를 들여 완성했으며 예술 총감독 리둔, 작곡가 싼 바오 등 중국 제작진과 함께 세계 정상급 제작진이 참여해 눈길을 모았다. 〈노트르담 드 파리〉 〈돈 주앙〉에 참여한 웨인 폭스와 조명디자이너 알랭 로르티, 안무가 다렌 찰스 등이 바로 그들이다.

특히 예술 총감독 리둔의 경우 '중국 뮤지컬의 장이머우' 로 불리며, 뮤지컬 〈웨스트사이드 스토리^{West Side Story}〉와 〈지붕 위의 바이올린〉 등을 총 제작한 미국 뮤지컬계의 대부라고 할 수 있는 제롬 로빈슨은 뉴욕시티발레단의 상임 안무가 출신이었다. 그래서 그가 만드는 이 작품은 더욱 관심을 불러일으켰다.

이 작품은 2007년 9월 광둥성 둥관 위란 대극장에서의 초연을 시

136

작으로 하얼빈, 상하이 등 6개 도시에서 75회 이상 공연됐고, 2008년 대구국제뮤지컬페스티벌과 2009년 한중 대중문화 예술 교류를 기념해 한국에도 초청됐다.

해외에서 가장 관심을 가지는 분야는 역시 해외 라이선스 뮤지컬이다. 지난 2011년에는 한국 CJE&M과 중국 문화부 산하 기관인 '중국대외문화집단공사', 중국 최대 미디어 그룹인 '상하이동방미디어유한공사'가 함께 〈맘마미아〉를 중국식으로 현지화해 6개월간 총 200여 회를 공연해 25만 관객을 동원했다. 매출은 2,000만 위안35억 7,000만 원에 달했다.

〈맘마미아〉의 성공으로 해외 라이선스 뮤지컬에 대한 관심이 고조됐고, 2012년 9월 상하이 〈캣츠〉를 시작으로 〈브로드웨이 42번가〉 〈라이온 킹〉 〈헤어스프레이〉 등 해외 유명 뮤지컬들이 1선 도시로 대거 수입될 예정이다. 특히 수도인 베이징에서는 〈키스 미, 케이트〉가 9월 말에 공연되었으며, 그 외에도 〈타이타닉〉 〈시카고〉 등의 라이선스를 계획하고 있다.

중국 뮤지컬이 베이징과 상하이 등 1선 도시를 중심으로 계획되는 것은 일반 국민의 뮤지컬 인지도가 아직 낮아, 중국에 거주하는 외국인이나 문화에 관심 있는 고소득층을 중심으로 시장을 형성하기 때문이다.

그러나 중국의 인구가 워낙 많아 고소득층에 해당하는 인구라 해도 그 수가 엄청나고, 이들의 문화 욕구는 날로 높아지고 있어 중국 뮤지컬 시장은 미국의 브로드웨이, 영국의 웨스트엔드를 잇는 '세계

3대 뮤지컬 시장'으로 떠오르고 있다. 특히 상하이와 베이징의 경우 1인당 국민소득이 1만 달러를 넘어 문화 산업의 성장 기반이 충분히 성숙됐다고 판단되고 있다.

중국 공연 예술, '경극·변검·상성'…… 완벽함의 극치

중국에서 뮤지컬은 아직 많은 대중에게 다가서 있는 장르는 아니지만 넓게 보아 '노래와 춤, 대사'가 있는 희곡이라 치면 중국만큼 관심이 많은 나라도 없다. 원나라 시대의 '잡극'으로 시작해 발전한 '경극'은 지금도 중국 예술의 극치로 평가받고 있기 때문이다.

우리에게는 영화 〈패왕별희〉로 잘 알려진 경극 외에도 순식간에 얼굴이 바뀌는 〈변검〉, 우리나라의 만담과 비슷한 〈상성〉 등이 잘 알려져 있다.

'화려한 분장' '가느다란 목소리' '진한 눈화장'으로 기억되는 경극은 외국인들이 쉽게 다가갈 수 없는 장르다. 목소리가 너무 고음인지라 중국어를 잘하는 사람도 알아듣기 힘들고 어떤 상황에서 웃어야 할지 울어야 할지 타이밍을 잡기도 쉽지 않다.

공연에 앞서 한창 연습 중인 경극
배우

　이는 바로 경극이 '상징'의 예술이기 때문이다. 화장만 해도 그렇
다. 그냥 해놓은 것 같지만 얼굴의 색과 형태로 성격과 신분이 결정
된다. 얼굴 위에 새겨진 문양 하나가 그 사람의 캐릭터가 되는 것이
다. 삐뚤어진 얼굴은 마음이 삐뚤고 단정치 못한 사람에게, 작게 그
린 얼굴은 사람들에게 웃음을 주는 광대 분장이다.

　소매가 넓고 자락이 긴 옷을 입은 사람은 신분이 높다. 용문양이
그려진 옷을 입은 사람은 왕비, 봉황이 그려진 옷을 입은 사람은 황
비다.

　특별한 무대 장치나 도구도 별로 사용하지 않는다. 그래서 모든 것
이 '있는 듯' 연기해야 한다. 이렇게 어려운 경극이니 경극 배우가
되는 것도 쉽지 않다. 경극 배우가 되려면 10년간은 혹독한 훈련을
거쳐야 한다. 이 기간 동안 최고의 경극 배우로 거듭나기 위한 기본

상성 공연의 한 장면

교육과 전문 수련을 받게 된다.

교육을 다 받았다고 바로 연극을 하는 것도 아니다. 이런 기본 소양을 바탕으로 외모나 신체 조건, 성량에 맞는 배역이 결정되면 그 배역을 소화하기 위해 일생 동안 자신이 맡은 그 배역 하나만을 전문적으로 연기하기 위해 부단히 연습한다.

이 때문에 무대에 올려진 경극은 최소 20년 동안 만들어진 대작이 될 수밖에 없다.

배우가 얼굴을 신속하게 바꾸는 가면극 '변검'은 중국 사천 지방에서 유행하는 전통극이다. 변검은 옛날 변변한 무기가 없던 시절 사람들이 사나운 짐승을 쫓기 위해 얼굴을 여러 가지 모양으로 단장한 데서 출발했다.

우리는 가면을 빠른 속도로 바꾸는 것이 변검이라고 알고 있는데 사실 변검의 최고봉은 '운기'다.

이미 고인이 된 팽사홍이 고도의 위장술인 '공성계'의 제갈량을 연기할 때 기공을 이용해 얼굴을 홍색에서 백색으로, 다시 청색으로 바꾸었는데 사실 아무나 할 수 있는 기술은 아니다.

상성相聲은 한자 그대로 서로 소리를 내는 것이다. 만담을 주고받는 형식과 비슷한데 베이징에서 인기를 끌었다.

상성 연기를 하려면 4가지를 갖춰야 하는데 아나운서처럼 '말'을 잘해야 하고, 개그맨처럼 '흉내'와 '우스갯소리'에도 능해야 한다. 게다가 '노래'까지 잘 불러야 한다.

그야말로 만능 엔터테이너가 돼야 한다는 소리인데 상성 배우들의 위대함이 느껴지는 대목이 아닐 수 없다.

4 중국, 왜 미술계의 블루칩으로 떴나?

금융계에서 활동하고 있는 류이첸·왕웨이 부부. 2010년 한해 현대미술품을 사들이는 데만 240억 원을 쏟아부었다. 쩡판즈의 〈가면 시리즈〉는 44억에, 류예의 〈12시 몬데리안〉은 23억에 구입했다. 민생은행도 류사오동과 쩡판즈의 작품을 수입하는 데만 2011년 170억을 투자했다.

이들처럼 고가의 미술품을 수집하는 사람은 이제 1만 명을 넘어서고 있다. 그런데 중요한 것은 이들이 중국 100대 부자에도 들지 않는다는 점이다. 진짜 큰손들은 비밀리에 더 큰 금액의 고가 미술품들을 엄청나게 사들이고 있다. 이들이 구입하는 작품은 세계적으로 널리 알려진 중국 작가 4대 천왕 외에 신예들도 다수 포함돼 있다.

수집상들은 중국 작가들을 미술계 블루칩으로 올려놓는 데 막강한 역할을 했다. 투자와 수익을 창출하는 시장이 있다는 것은 중국 작가

중국 현대미술계의 블루칩으로 떠오른 쩡판즈의 〈가면 시리즈〉

들에게 큰 뒷배가 됐다.

수집상들이 주로 구입하는 품목이 자국 작품이라는 것도 주목할 만한 것이다. 중국 미술품 경매 시장에서 시장 거래액이 가장 높은 분야는 주로 중국서화이며, 그다음이 골동품이고 유화와 현대미술의 비중은 비교적 적은 편이기 때문이다. 이는 중국 시장이 서양 중심의 흐름에 의존하지 않아도 자체적으로 기반을 갖출 수 있는 시장이라는 것을 시사한다. 게다가 중국 자본을 이끌었던 화교 자본은 세계에 흩어져 살면서 자국의 향수를 기릴 수 있는 미술품을 사들이고 있다.

그러나 시장이 형성됐다고 해서 무조건 중국 미술품이 좋은 평가를 받는 것은 당연히 아니다. 중국 미술이 시장에서 주목을 받은 가장 큰 이유 중 하나는 작품에 반영된 중국 특유의 역사성 때문이다. 그도 그럴 것이 중국만큼 현대미술에서 정치적, 사회적 배경을 뚜렷이 드러내는 그림을 찾기 쉬운 곳은 없다.

중국은 독특하게도 미술이 사회성을 크게 반영한다는 특징을 가지는데, 과거 1945년부터 1976년 마오쩌둥이 사망하기 전까지 중국 예술이 국가 체제를 선전하는 도구로 사용된 것만 보아도 알 수 있다.

당시에는 젊고 당당한 마오쩌둥의 모습, 하늘에 닿을 듯 높은 곳에서 민중들에게 연설하는 중국 공산당원들의 위엄 있는 모습 등이 그림을 통해 자주 등장했다. 특히 문화대혁명 시기였던 1960년대 중반부터 1970년대 중반까지 이런 현상은 극에 달했다.

그러나 1976년 마오쩌둥이 사망하고 덩샤오핑이 등장하면서 중국은 변화한다. 서구 문화에 개방되고 중국 작가들의 관심사도 변했기 때문이다. 중국 화가들은 이전의 사회주의적 소재의 그림을 그리는 것과 달리 삶, 죽음, 사랑, 사람 이야기 등 개인적 관심사를 그림의 소재로 끌어들이기 시작했다.

그러나 1989년 톈안먼 사태를 계기로 화가들의 관심은 다시 정치적 문제로 돌아왔다. 물론 그들이 예전처럼 직접적으로 정치 선동에 유린되지는 않았다. 이들은 은유적 방법으로 정치를 비판하기 시작했다. 이전에 억눌렸던 그들의 끼를 1980년대 이후 한번에 발산하며 폭발적인 모습을 보여 준 것이다.

세계가 중국의 그림에 관심을 보이기 시작한 것도 이때부터다. 대부분 그림을 통해 정치 사회적 메시지를 보여 주었고 세계인들은 그 그림에 주목했다. 특히 1.2세대인 웨민쥔, 왕광이, 장샤오강, 쩡판즈 등은 '4대 천왕'이라 일컬어지며 톈안먼 사태를 통해 저항 정신을 그림에 담았고 이들의 작품이 중국 미술계를 장악했다.

1.2세대는 다시 '위엔밍위엔圓明園 사태'로 둘로 나뉘게 된다. 톈안

먼 사태 이후 해외로 망명한 이들은 오랜 기간 외국에서 생활하면서 일찍부터 미술계의 주목을 받았고, 국내에 남아 있던 사람들은 위엔밍위엔 사태를 겪으며 정부의 압력과 감시 속에 힘겹게 작품 활동을 지속해 왔다.

텐안먼 사태 이후 화가들은 베이징 서쪽 교외인 위엔밍위엔 지역에 모여 살았는데 1996년 정부가 이들을 강제 해산시켰고 이 사건이 이후에 '위엔밍위엔 사태'라 불리게 됐다. 이들은 고립된 현실 속에서 오로지 미술에만 몰두해 더욱 독특한 화풍을 만들어 냈고, 세계 화랑과 미술관에서는 이들의 작품을 더욱 집중 조명하기 시작했다.

하지만 세월에는 장사가 없다. 4대 천왕으로 대표되는 이른바 '붉은 색 그림'이 한풀 꺾이고 컬렉터들이 다시 새로운 그림을 찾아 나섰기 때문이다.

세계는 다시 1970년대 이후에 태어난 예링한과 하오량, 인준 등 소위 '70년 이후 세대$^{Post\ 70'\ chinese\ Artists}$'에 주목하고 있다. 이들은 4대 천왕이 그림 속에 담았던 중국 역사를 과감히 내던지고, 누구나 공감할 수 있는 인간의 보편적 이야기로 미술의 방향을 돌리고 있다.

70년 이후 세대는 문화대혁명을 겪고 억압과 가난 속에 그림을 그린 선배 세대들과는 달리 중국의 급속한 사회 발전과 함께 변하는 정치 경제적 상황을 겪은 개혁 세대다.

이들은 가치관 혼란과 정체성 상실로 인한 개인적인 감정과 내면 세계를 그림 속에 담아냈다.

중국 미술의 위험한 글로벌화 …… 버블 붕괴 결과는?

2002년 베이징 교외에 있는 '798공장'에서는 베이징을 '정치의 도시'에서 '예술의 도시'로 바꾸는 일대의 역사가 일어났다.

'798공장'은 구소련과 구동독의 지원을 받은 국가 중점 공장이었는데 돈이 없는 젊은 예술가들이 이 광활한 부지와 건물에 자신의 작품을 전시하기 시작했다. 공장이 예술 장소로 변하는 것은 특이한 일이 아니지만, 마오쩌둥 찬양의 붉디붉은 슬로건이 아직 남아 있는 국영 공장에서의 자유로운 예술 활동은 큰 상징성을 가져다줬다.

그러나 문제는 중국의 성장이었다. 특히 2008년 베이징에서 올림픽이 개최되면서 부동산 가격은 올림픽 특수와 더불어 천정부지로 치솟았다. '798공장' 또한 예외가 아니었다. 비싼 임대료는 돈 없는 젊은 예술가들이 감당하기에는 너무 큰 짐이 됐다.

문제는 또 있었다. 부동산과 주식 시장에서 투기 바람이 불면서 그림 또한 투기 대상이 된 것이다. 해외 거대 자금이 중국 그림을 향해 돌진했다. 작품들은 비정상적인 높은 가격으로 매매되기 시작했다.

2007년 3월 장샤오강의 〈혈연 시리즈: 3인의 동지〉가 211만 2,000달러약 23억여 원에 낙찰되는 것을 시작으로 중국 현대 작가의 작품들이 경매 시장의 새로운 별로 떠올랐다. 그러자 표현의 자유를 외쳤던 신진 작가들의 작품 경향도 달라졌다. 개성 있는 작품이 아닌 시장이 원하는 작품을 만들기 시작한 것이다.

'798공장'이 지금은 '798예술구'로 변모해 있다

외국 컬렉터들은 '톈안먼' '문화대혁명' '저항과 파괴'를 담은 작품을 원했다. 그것이 가장 중국적이라고 생각했기 때문이다. 이로 인해 그들은 아무 의미도 없는 붉은색 그림들을 쏟아냈다. 버블은 또 버블을 만들고 거품은 점점 커져만 갔다.

그러다 2008년 미국발 금융 위기는 중국 미술계를 또 한번 흔들었다. 세계 경기가 후퇴하면서 미술 투기 시장 열기도 한풀 꺾인 것이다.

중국 미술계는 다시 고민에 빠졌다. 버블이 터질 경우 중국 미술의 방향이 어떻게 변할지 염두에 둔 대응을 해야 한다는 목소리가 높아졌다. 이 때문에 '개성'적인 그림들이 다시 두각을 나타냈다. 역사에 기댄 예술이 아닌 진짜 예술을 찾는 사람들이 수면 위로 올라온 것이다. 이들은 '돈'보다는 '작품성'을 따지고 '스타'보다는 '비주류'의 길을 택했다. 이젠 중국에서도, 예술가들이 돈을 쫓아가는 것이 아니라 돈이 예술성을 따라가는 시스템이 만들어지고 있는 것이다.

5

장이머우, '국민감독인가, 돈을 쫓는 사업가인가?'

   중국의 국민감독 장이머우가 '돈' 때문에 구설수에 오르고 있다. 원저우 고속철 사고 이후 비리의 온상이 된 철도부의 홍보 동영상 제작에 참여해 거액의 보수를 받은 일로 빈축을 사더니, 이번에는 이름만 빌려 주고 정부로부터 동영상 제작비를 받아 챙겼다는 것이다.

   중국의 '센치'라는 작가는 장 감독이 쓰촨성 청두시 홍보 영상물을 제작하면서 자신의 2003년 발표작 〈신도화원기〉의 글을 베꼈다고 주장했다.

   또 장이머우 감독은 잠깐 청두에 들렀을 뿐 실제 홍보 동영상 촬영은 베이징영화학원의 한 강사가 했다고 폭로했다.

   장 감독이 홍보 영상을 제작하면서 청두시는 1,000만 위안, 우리 돈 17억 7,000만 원을 제작비로 책정했는데 장 감독은 이 일 때문에 돈에 눈이 멀어 자신의 이름을 여기저기 빌려 주고 다닌다는 의혹에 휩싸였다.

이 사건이 터지기 전에도 철도부 홍보 영상에 자문을 제공한다는 명목으로 250만 위안약 4억 4,300만 원의 보수를 받았다는 사실로 곤혹을 치렀다. 특히 철도부는 원저우 고속철도 사고 이후 부패한 관리들이 뒷돈을 챙기는 의혹의 산실로 여겨졌는데, 장 감독이 여기서 보수를 받았으니 공범이 아니냐는 추측도 일었다.

일부에서는 '저항 정신'의 대표주자였던 장이머우 감독이 공산당 간부가 되고 상업 영화에 손을 대기 시작하면서부터 변했다는 지적도 일고 있다.

장 감독은 〈붉은 수수밭〉과 〈국두〉〈홍등〉을 통해 여성의 비참한 운명과 세상 권력에 맞서는 모습을 보여 줬고 〈귀주 이야기〉와 〈인생〉을 통해 근현대 중국의 아픔을 그려냈다. 우리는 늘 그런 장이머우를 기억했다.

그러나 1999년 〈책상서랍 속의 동화〉를 발표하면서 그는 변하기 시작했다. 한해 전이었던 1998년 중국은 할리우드 대작 〈타이타닉〉의 흥행에 휩싸여 있었고, 중국 영화는 밀려오는 할리우드 영화에 잔뜩 몸을 움츠렸다. 1999년에도 상황이 크게 변하진 않았다.

그런 상황에서 그가 발표한 〈책상서랍 속의 동화〉는 중국인들의 관심을 이끌어냈다. 장이머우 같은 유명 감독이 한 명의 유명 배우도 캐스팅하지 않은데다가, 캐스팅된 배우의 대부분이 아이들이었기 때문이다. 이것이 장이머우의 전략이었다.

장이머우는 이때 언론과의 인터뷰를 줄기차게 시도하면서 어떻게

중국의 '국민감독'이자 '돈 쫓는 사업가'란 비판을 동시에 받고 있는 장이머우 감독

아이들에게 연기 지도를 했고 어떤 방식으로 촬영을 했는지 계속해서 언급했다. 이를 통해 그의 영화는 '이슈화'에 성공했다.

장이머우의 이런 행동은 큰 의미를 가진다. 사람들이 영화가 아닌 영화를 만드는 사람, 영화를 만드는 방식, 영화 속 주인공의 뒷이야기에 관심을 가지기 시작했다는 것이다. 영화와 관련된 각종 사건과 이슈가 영화 자체만큼 대중의 관심사가 된 것이다. 영화의 중심이 이제 예술의 영역이 아닌 대중에게 맞춰지는 영역으로 이동하게 된 것이다.

중국의 바뀐 영화 정책이 이때쯤 정착했다는 것도 장이머우가 미리 계산한 바일 것이다. 중국은 1993년부터 영화 정책의 전면적 개혁을 단행했는데 사회주의식 영화 산업 체계를 사회주의 시장 경제 체제에 맞는 시스템으로 바꾸는 작업이었다. 이러한 영화 산업의 민영화가 정착된 시기가 바로 1999년 즈음이었다. 장 감독은 중국 영

장이머우 감독의 변화를 보여 준
〈책상서랍 속의 동화〉 포스터

화의 시장화가 본격화되는 가장 알맞은 시기에 자신의 작품 〈책상서
랍 속의 동화〉를 내놓은 것이다.

이때쯤 장이머우의 정치적 신분이 변했다는 것도 주목해야 할 이
슈다. 1998년 장이머우는 궁리, 세진 등과 함께 문화예술계를 대표
하는 159인 중 한 명으로, 제9기 중국인민정치협상회의위원에 이름
을 올렸다. 얼마 전까지만 해도 정부의 영화 심의를 통과하지 못했던
그에게는 큰 변화였다.

영화의 내용도 같은 흐름을 이어간다. 자리를 비운 선생님을 대신
해서 수업을 맡게 된 시골 소녀가 소도시로 가출한 학생을 찾으러 가
며 겪는 상황을 그린 내용에서 소녀는 방송국 사장님의 도움으로 방
송에 출연해 가출 학생을 찾게 된다. 돌아온 가출 학생은 소녀를 잡
고 눈물을 흘리는데 이를 통해 장이머우는 중국이란 나라는 '따뜻한
나라'라고 묘사한다.

장이머우의 상업성은 〈영웅〉이라는 작품을 통해 완전히 수면 위로 모습을 드러낸다. 〈영웅〉은 스케일에서도 할리우드를 표방하고 있으며 주인공 무명이 '통일'이라는 이데올로기에 투항하면서 진시황을 암살할 수 있는 기회를 스스로 포기하는 장면은 그의 정치적 방향이 어디를 가리키는지 극명하게 보여 준다.

이후 '베이징올림픽 개막식' 연출을 맡으면서 그는 완벽하게 권력의 자리에 올랐다.

그러나 장이머우를 옹호하는 사람들은 그를 진정한 '중국 영화의 아버지'라고 부른다. 중국 영화가 세계 영화 산업계에서 주목을 받을 수 있도록 성공의 신호탄을 쏜 가장 큰 공헌자라는 것이다.

중국은 2010년 영화 박스오피스 기록이 100억 위안을 돌파하면서 시장성을 확보했다. 중국 영화계는 할리우드 영화가 넘쳐나는 시장에서, 중국인이 중국 영화를 보기 위해 영화관을 찾을 수 있도록 만든 시발점이 〈영웅〉이었다며 그를 추켜세웠다. 〈영웅〉이 박스오피스 신기록을 세우고 〈연인〉과 〈무극〉 〈야연〉 〈황후화〉 등 다른 작품이 그 뒤를 이으며 계속해서 기록을 갱신했기 때문이다.

그가 올림픽 개막식 연출을 맡은 것도 정치적 성향 때문이 아니라 그가 진정한 '국민감독'이기 때문이라 평가하고 있다.

상업 영화 vs 비판 영화, 관객은 누구의 손을 들어줄까?

2006년 말 6세대 감독 지아장커는 베이징대학 강단에 서 있었다. 같은 해 9월 베니스국제영화제 황금사자상을 수상한 〈스틸 라이프〉의 시사회 현장이었다. 그는 여기서 의미 있는 폭탄 발언을 한다. 장이머우 감독의 〈황후화〉와 같은 날 자신의 영화 〈스틸 라이프〉를 상연하겠다는 것이었다. 이것은 전혀 상업적인 고려가 아니었다. 이익과 경제적 목적만으로 영화를 만들지 않겠다는 것을 사람들에게 보여 주는 선언이었다.

장이머우 감독은 명실상부한 중국 최고의 감독이다. 그는 정부의 대대적인 지원을 받고 있으며 〈영웅〉이나 〈황후화〉 같은 블록버스터 대작을 만들어내 세계의 관심과 이목을 집중시키고 있었다.

그는 과거 〈붉은 수수밭〉 〈국두〉 〈홍등〉 〈귀주 이야기〉에서 사실주의적인 시선으로 중국 사회를 비판했지만, 이제는 '국가주의자'라는 말이 더 어울릴 정도가 됐다. 〈영웅〉이나 〈황후화〉도 시대극이긴 하지만 중국이 최초의 통일을 이룬 진시황과 가장 번성했던 당나라 시기를 배경으로 지금의 번성한 중국 이야기를 담고 있기 때문이다.

지아장커는 장이머우처럼 중국 영화를 세계적 수준으로 끌어올린 선배들이 상업 영화로 전환하면서 판타지에 가까운 사극만 만들어내는 것을 안타깝게 생각, 그들을 따르는 것을 거부했다. 심의를 쉽게 통과하기 위해, 또는 해외에서 팔리는 영화를 만들기 위해 중국의

장이머우 감독의 〈황후화〉와 맞붙은 지아장커
감독의 〈스틸 라이프〉 장면들

현실을 외면하진 않겠다는 것이다.

그의 영화 〈스틸 라이프〉는 '만리장성 이후 최대 공사'로 불리는 산샤댐 공사를 배경으로 하고 있다. 중국 정부는 경제 발전을 이유로 세기의 댐을 건설하겠다고 발표했고, 환경 단체와 중국인들의 반대에도 이를 강행했다. 이 때문에 1,750여 개 마을이 물에 잠겼고 110만 명이 넘는 마을 사람들이 고향을 등지고 다른 곳으로 이동해야만 했다.

이 영화의 주인공은 집 나간 아내를 찾으러 온 한 남자였다. 손에는 아내가 사는 곳의 주소가 적혀 있었지만 산샤에 있는 그 집은 이미 물속에 잠겨 있었다. 남자는 결국 자신이 살던 곳으로 돌아올 수밖에 없었다. 댐이 완공되기 전에 찍은 이 영화는 산샤댐 건설로 터전을 잃은 사람들의 삶이 담긴 마지막 기록이었다.

지아장커 감독은 이처럼 성장의 그늘에서 소외되고 파편화된 소시민들의 이야기를 영화화하고 있다. 그런 이유로 〈스틸 라이프〉 DVD가 60만 장 정도 팔리고 인터넷에서도 이 문제를 두고 치열한 토론이 벌어졌다. 그러나 중국 내에선 상영관을 찾기 힘들었다. 영화관은 대부분 거대한 중국의 성장과 저력을 보여 주는 장이머우 영화로 가득 차 있었기 때문이다.

같은 날 개봉된 지아장커의 〈스틸 라이프〉와 장이머우의 〈황후화〉, 누가 이 전쟁에서 실질적인 승리를 거뒀는지는 알 수 없지만, 지아장커의 도전은 블록버스터 영화가 행정력과의 결탁으로 영화 상영 공간과 공공적 자원을 점유하는 '불평등의 세계'에 던진 의미 있는 행동이라 평가받고 있다.

천상천하 유아독존
'중국 스포츠'에 심한 견제구
_ '중국인은 결백하다'

"단 한 번도 약물을 복용한 적 없다. 중국인들은 결백하다."

　2012 런던올림픽에서 16세의 나이로 세계를 놀라게 한 중국의 수영 대표 예스원이 '400m 세계 신기록은 훈련에 의한 결과'라며 한 말이다.

　예스원은 2012년 7월 28일 개인 혼영 400m에서 4분 28초 43으로 세계 신기록을 기록하며 우승했는데 마지막 자유형 50m 구간을 같은 날 남자 개인 혼영 400m에서 금메달을 딴 라이언 록티[미국]의 구간 기록[29초 10]보다도 빠른 28초 93에 헤엄치는 바람에 도핑 의혹에 휘말렸다.

　서방 언론에 의해 도핑 의혹이 일자 〈인민일보〉 등 중국 언론은 발끈했다. 〈인민일보〉는 '뿌리 깊은 편견을 가진 서방 언론 매체들이

2012년 런던올림픽 수영 여자 혼영400m
에서 세계 신기록을 세우며 금메달을 딴
중국의 예스원 선수

그런 무지몽매한 보도를 한다'고 비난했다. 또 '그런 의혹을 제기해
도 중국 선수들의 사기에 영향을 주지 못할뿐더러 중국의 스포츠 발
전을 가로막지는 못할 것'이라고 강조했다.

중국 대표팀 측도 '중국 수영 선수들은 런던올림픽 출전 전에 100차
례 이상 약물 검사를 했다'며 '중국 선수들이 좋은 성적을 낼 때마다
도핑 의혹을 제기하는 것은 적절하지 못하다'고 반박했다.

의혹이 사실이 아닌 것으로 밝혀지자 이번에는 중국의 체육 훈련
시스템을 두고 논란이 일었다. 예스원의 성과는 지독한 '아동 학대'
의 결과라고 폄하했다.

미 외교 전문지 〈포린폴리시〉는 예스원은 전형적인 '중국식' 엘리
트 스포츠 교육의 산물이라며, 그녀는 여섯 살 때 '손이 크다'는 이유
로 발탁돼 지금까지 강도 높은 수영 훈련을 받아 왔다고 주장했다.
물갈퀴가 크면 더 강한 추진력을 얻는 것처럼 손이 크면 더 빠르게

헤엄칠 수 있기 때문이다.

또 안후이성을 예로 들어 이곳에서는 45억 달러, 우리 돈 약 5조 원을 들여 특수 체육학교를 세우고 4~13세 학생들을 훈련시키고 있는데 1주일에 6일간 하루 8시간의 강도 높은 훈련을 하고 있다고 지적했다.

'훈련하다 많이 울었다, 하루에 30분씩 물구나무서기도 해야 한다'는 한 남학생의 인터뷰를 싣기도 했다. 이런 혹독한 훈련에도 부모들이 자녀를 연습장으로 내모는 건 정부가 금메달을 딸 경우 최고 100만 위안, 우리 돈 약 1억 7,700만 원을 상금으로 주기 때문이라고 언급했다.

영국 언론의 표현은 더 강했다. '잔인한 훈련 공장에서 생산된 중국 챔피언'이라는 제목으로 '예스원과 그의 팀 동료들은 약의 힘을 빌린 게 아니라면 냉혈 인간을 만드는 생산 라인, 즉 고문에 가까운 기술 훈련을 통해 제작됐다'고 수위를 높였다.

해외 언론이 중국을 비난하고 나선 것은 그만큼 중국 스포츠가 눈에 띄게 성장했기 때문이다. 해외의 견제를 의식해서인지 그간의 좋지 않은 이미지를 희석시키기 위해 중국도 많은 노력을 하고 있다.

여자 배드민턴 복식 세계 랭킹 1위인 '왕샤오리-위양' 조가 준결승에서 자국 복식조를 만나지 않으려고 한수 아래인 '정경은-김하나' 조에게 일부러 점수를 내주며 경기에 패하자 논란이 일었고 중국은 이를 순순히 인정하는 '공식 사과'로 사건을 마무리했다.

중국 올림픽 선수단의 샤오티엔 부단장도 '올림픽 정신을 지켜야 한다'며 실격 처리를 순순히 받아들인 뒤 '우리는 스포츠 정신에 반하는 어떠한 행동에도 강력하게 반대한다'고 강조했다. 심지어 관영 매체인 〈신화통신〉조차 '올림픽 정신을 훼손했다'며 강한 어조로 자국 선수들을 비난했다.

사이클 여자 단체 스프린트에서는 중국 선수인 가오슝과 공진제가 1위로 골인했지만 판정 번복으로 은메달을 받았다. 그러나 별다른 항의 없이 웃으며 시상대에 오르는 해프닝을 벌였다.

스포츠와 애국심……
'내 나라가 이겨야 한다'

2012년 런던올림픽의 최대 관심사는 베이징올림픽을 시작으로 불붙은 '미·중 스포츠 전쟁'이다.

미국은 냉전 시대 때는 당시 소련과 라이벌을, 그 이후에는 중국과 라이벌로 대립했지만 1996년 애틀랜타올림픽 이후 1위 자리를 내준 적이 한 번도 없었다. 그러다 자존심이 무너진 것이 바로 2008년 베이징올림픽 때다.

중국은 당시 금메달 51개, 은메달 21개, 동메달 28개로 미국^{금 36 ·} ^{은 38 · 동 36}을 큰 차이로 제치고 종합 1위에 올랐다.

미국의 자존심은 큰 상처를 입었다. 미국 언론들은 금메달수가 아닌 전체 메달 획득수를 기준으로 순위를 매기면서 미국이 중국을 제쳤다고 주장했지만 자기 위안일 뿐이었다.

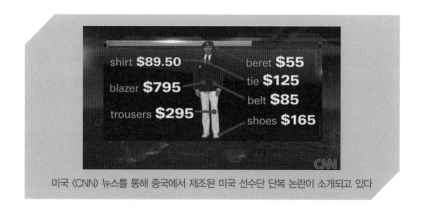

이 때문에 올림픽 전부터 양국의 감정싸움은 극에 달했다. 대표적인 것이 미국 선수단 단복 사건이다. 미국인들은 선수단 단복이 '메이드 인 차이나'라는 사실에 광분했다. 요즘 전 세계 물품 중에 '메이드 인 차이나'가 아닌 것을 찾기란 쉬운 일이 아닌데도 말이다.

이를 두고 미국 내 언론은 '올림픽을 하기도 전에 중국에게 졌다'고 보도했고 정치인들도 '중국산 유니폼을 불태우고 새로 만들어야 한다'고 주장하기 시작했다. 자국 실업률까지 들먹이면서 미국민들을 자극했다.

오히려 중국인들이 더 이성적으로 대처하는 분위기였다. 관영 〈신화통신〉은 '미국 정치인들이 스포츠와 정치를 구분 못해서 생긴 일'이라며 '올림픽 정신을 모르는 무지의 결과'라고 대응했다. 결국 이 문제는 미국올림픽위원회가 '다음 올림픽 대회부터 단복은 미국 내에서 만들겠다'고 해명하면서 일단락됐다.

그러나 2012년 런던올림픽이 미국의 승리로 돌아가자 중국인의 태도가 달라지기 시작했다. 다시 '민족주의'가 고개를 든 것이다.

한 해설자는 중국 민족주의 성향의 한 웹사이트에 글을 올려 '우리는 곳곳에서 중국을 저지하려는 제국주의에 우리의 것조차 내줘 버렸다'고 논평했다. 또 '그럼에도 중국은 땅치고 일어설 것'이라고 주장했다.

중국 일부 네티즌들은 '예스원 도핑 의혹'을 언급하며 자국 선수들이 국제 미디어에 의해 불공정하게 다뤄졌다고 지적했다. 중국의 한 블로거는 '이제 서방은 우리가 미국에 패한 것에 만족해 할 것임이 틀림없다'고 썼다.

중국과 미국이 올림픽 순위에 집착하는 것은 올림픽이 국력과도 밀접한 관련이 있기 때문이다. 미국이 베이징올림픽 이전까지 1위를 고수한 것, 그리고 베이징올림픽을 계기로 중국이 스포츠계에 급부상한 것은, 중국이 최근 경제력을 바탕으로 전 세계에 영향력을 넓히고 있는 것과 맥을 같이한다.

앞서 언급한 것처럼 중국이 스포츠 정신을 강조하는 것 또한 그만큼 중국이 문화 수준까지 높아져 선진국 대열로 들어서고 있음을 보여 주고 있다.

part 04

인권
사각지대

1

눈물의 대륙

_ 생살 떼어낸 아버지, 340km를 걸어간 아들

"괜찮아요, 괜찮아. 살을 더 많이 베어 주세요."

수술대에 오른 아버지는 고통을 참으며 반복적으로 이 말만 되뇌었다.

돈 1,000위안^{약 17만 원}을 아끼기 위해 전신 마취를 포기한 채 피부 이식 수술을 하고 있는 두진후이는 화상을 입은 딸 란란에게 오른쪽 다리 절반에 해당하는 피부를 떼어 주고 있었다.

불행은 부인 류옌화가 병아리를 키우던 비닐하우스에 보온을 위해 난로를 피우는 과정에서 대형 화재가 발생하며 시작됐다. 딸 란란은 온몸의 40%에 3도 화상을 입었고, 세 차례의 수술 끝에 목숨을 건졌지만 추가 수술이 불가피해 피부 이식이 필요했다.

그렇지만 응급 수술비로 이미 10만 위안^{약 1,700만 원}이라는 큰돈을 써버린 두진후이에게 추가 수술비는 꿈도 꿀 수 없었다. 피부 이식을

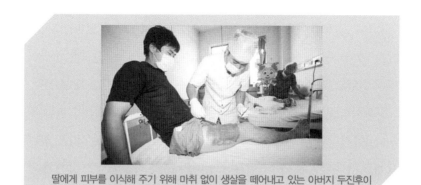
딸에게 피부를 이식해 주기 위해 마취 없이 생살을 떼어내고 있는 아버지 두진후이

위해 전신 마취를 해야 했지만 가난한 농민 출신에 집에서 닭을 키워, 노부모 포함 여섯 식구의 생계를 꾸리고 있는 상황이라 어떻게든 병원비를 아껴야 했다.

두진후이는 결국 마취를 포기했다. 생살을 마취 없이 떼어내는 고통 속에서도 그는 웃으며 말한다.

"괜찮아요, 괜찮아. 살을 더 많이 베어 주세요. 딸아이에게 좋을 거예요."

이 소식이 현지 언론을 통해 알려지자 중국 전역이 눈물바다가 됐다. 기업과 기관들은 수천 위안을 기부했고, 이름을 밝히지 않은 노인은 모아둔 용돈까지 투척했다. 아이들은 코 묻은 돈을 내면서 두진후이를 위해 써 달라고 했다.

딸을 위해 생살을 떼어내는 아버지가 있는가 하면 병든 어머니의 치료를 위해 340km를 걸어 구두닦이에 나선 아들도 있다.

광저우 길모퉁이에서 13세 남자아이가 구두를 닦고 있다. 길바닥에는 어머니를 살리기 위해 구두를 닦아야만 한다는 절절한 사연이 적혀 있었고, 사람들은 그 글을 읽고 눈물을 흘리며 구두를 닦고 간다.

구두를 닦는 뤄웨이커는 2년 전 아버지가 뇌출혈로 세상을 떠난 뒤 누나, 어머니와 함께 살고 있었다. 누나와 엄마는 가정부 일을 하며 생계를 유지했는데, 얼마 전부터 엄마의 눈이 침침해지고 밝은 빛만 보면 구토를 하는 증상이 나타나기 시작했다.

부랴부랴 검사를 받아 보니 결과는 역시나 뇌종양. 수십만 위안의 병원비 때문에 치료를 포기하고 돌아온 어머니는 민간요법으로 병을 고쳐 보려 했지만 쉽지 않았다.

병세는 더욱 악화됐고 이를 보던 아들 뤄웨이커는 결국 학업을 포기하고 돈을 벌기 위해 가출한다. 그는 사람이 가장 많다는 광저우로 향했다. 뤄웨이커의 고향에서 340km의 거리다. 차로 가면 3시간이지만 돈이 없어 걸어서 갔다. 마음속에는 어떻게든 '엄마를 살려야 한다'는 간절한 염원뿐이었다.

자신이 만든 구두통을 메고 배가 고프면 과일을 따 먹고 목이 마르면 빗물을 받아 마셨다. 꼬박 30일 걸려 광저우에 도착했다.

그가 길바닥에 적어 놓은 사연 때문인지 광저우에 온 지 3일 만에 800위안^{약 14만 4,000원}을 벌었다. 또 광저우의 한 병원에선 5,000위안^{약 90만 원}이 넘는 검사비를 면제해 주기로 했다.

아들은 어머니를 모시고 다시 광저우의 병원으로 왔다. 검사 결과 뤄웨이커 어머니의 우뇌에는 악성 종양이 있으며, 수술비만 5만 위안^{약 900만 원}, 치료 과정에서 20만 위안^{약 3,600만 원}이 더 들 것이라는 이야기를 들었다. 월수입이 1,000위안^{약 18만 원}인 뤄웨이커 집에서는 엄두도 내지 못할 금액이었다.

그러나 그의 사연이 인터넷에 소개되면서 그의 어머니를 위한 모금액은 눈덩이처럼 불어났다. 병원뿐 아니라 각 신문사에서도 그를 위해 모금 활동을 벌였기 때문이다. 병실에 누운 어머니는 '내가 이런 아들을 낳았다니. 다 내 복이다'라며 기쁨의 눈물을 흘렸다.

나라님도 구제 못하는 가난의 굴레……'내 가족은 내가 지킨다'

중국의 경제가 급속도로 발전한 이후 정부가 가장 관심을 가지고 있는 부분이 '부자 농촌 만들기'다. 농촌 지역에서 정부에 대한 불만이 고조되면 현 체제가 위협 받을 수 있기 때문이다.

따라서 2011년 이후 정부의 농촌 살리기에 대한 노력은 배가되고 있다. 중국 정부는 그 해 '싼농^{三農, 농업, 농촌, 농민}'에 1조 위안, 우리 돈으로 약 170조 원을 투자했다.

중점 곡물의 최저 수매가를 꾸준히 올리는 등 농사 보조금 혜택을 지원하는가 하면 가전제품이나 자동차 등 공산품을 살 때도 보조금을 줬다. 농촌 지역 학생들이 대학에 들어갈 경우 우대 정책을 펼쳤으며, 산아제한 정책 또한 농촌 지역부터 우선적으로 완화시켰다.

크게는 '서부 대개발'이라는 이름하에 정부 재정 투입 지역을 동남부 해안에서 농촌인 서부로 바꿔 장기적 차원에서 빈부 격차를 줄이기 위해 노력했다.

지도자급 인사들이 직접 나서서 농촌 민심 달래기에 앞장서는 사례도 빈번해지고 있다. 일례로 광둥성 우칸촌 주민들이 부당한 농지 수용에 반발해 3개월 동안 대규모 시위를 벌이자 원자바오 총리가 직접 나서 '농지 이용권, 주택 사용권, 집단 재산 수익 분배권 등은 법률이 농민에게 부여한 합법적 권리'라며 이들의 권리를 보장해 줄 것을 강조했다.

중국에서는 산업화 이후 농토가 산업 용지로 바뀌는 경우가 많아 농민들의 농지를 정부가 수용할 때 일정한 보상을 해주게 돼 있지만, 개발 이익이 대부분 개발업자나 지방 정부에만 돌아가는 폐해가 잦았다.

농촌의 사회보장제도도 점차 개선되고 있는 추세다. 2011년 중국 전체 의료보험 가입률이 95%로 올라섰고 신농촌협력의료보조금 기준도 대폭 증가하고 있다. 특히, 농촌 아동 중 백혈병 환자와 선천성 심장병 환자의 의료 보장 수준을 한층 더 향상시키고 빈곤 가정 환자들의 진료비 부담도 90%나 덜어 주는 방침까지 마련했다.

그러나 '가난은 나라님도 구제하지 못한다'라는 말처럼 정부의 노력에도 불구하고 농촌 경제는 쉽게 나아지는 모습을 보이지 않고 있다. 이 때문에 이들은 인권이 유린되고 있다는 비판 속에서도 '내 가족의 생명은 내 살을 떼내어' 살리고 있는 실정이다.

2

'극단적 이기주의' 어디까지?

_ 임산부 배 갈라 아이 훔치려던 엽기녀

친구 초음파 사진까지 빌리고, 회사에 출산 휴가까지 냈는
데…… 남편도 내가 임신한 줄 알고 있는데…….

거짓말이 들통 날 것을 두려워한 한 여성이 임산부의 배를 갈라 아
이를 훔치는 엽기적인 행각을 벌였다.

홍콩 국적을 가진 27세 여성 량칭팅. 그녀는 '친자 왕국' 이라는 토
론 사이트에서 '미니 통통' 이라는 닉네임으로 활동하던 중 만삭의
여성 이씨를 알게 됐다. 둘은 금세 친해졌고 량칭팅은 이씨에게 선물
을 준다는 핑계를 대고 자신의 집에 초대한다.

이씨는 기쁜 마음에 량칭팅의 집으로 향했다. 선물을 받고 한참 이
야기꽃을 피우며 놀던 이씨는 '몸도 피곤하니 이제 집에 가봐야겠
다' 며 작별 인사를 고했다. 그러자 계획에 차질을 빚은 량칭팅은 갑

자기 배가 아프다며 쓰러진다.

당황한 이씨는 119를 부르려 했지만 그 정도는 아니라는 말에 가족이 올 때까지만 기다려 주기로 했다. 이씨는 량칭팅을 안정시키기 위해 가벼운 대화를 이어 갔다.

"내 배 한번 만져 볼래요? 아기가 툭툭 쳐요. 재미있죠?"

그 말이 가짜 임신으로 인해 고민하던 량칭팅의 화를 더욱 돋워, 이씨의 아이를 뺏어야겠다는 생각에 더더욱 불을 붙였다. 이성을 잃은 량칭팅은 갑자기 돌변해 전깃줄로 이씨의 목을 졸랐다. 이씨는 발버둥 치며 소리를 질렀고, 할 수 있는 반항은 모두 해봤지만 이내 정신을 잃고 말았다. 이 틈을 타 량칭팅은 집안에 있는 칼을 꺼내 들었다.

"엄마가 제왕절개 수술을 할 때 이쪽을 잘랐어. TV에서도 자주 봤으니 나도 할 수 있을 거야."

그녀는 TV에서 본 대로 이씨의 배를 칼로 갈랐다.

"피가 왜 이렇게 많이 나오지? TV에서는 이러지 않았는데……."

당황한 량칭팅은 칼을 내려놓고 이 사태를 어떻게 수습해야 할지 몰라 허둥지둥하고 있었다.

"우선 이씨를 다른 곳으로 옮겨야겠어."

그런데 갑자기 초인종 소리가 들렸다. 남편이 생각보다 일찍 귀가한 것이다. 집으로 들어온 남편은 피범벅이 된 이씨를 보고 기절할 뻔했다. 량칭팅은 '이야기를 하고 있다가 이씨가 갑자기 칼로 자신의 배를 갈랐어. 여보, 무서워' 라고 대충 둘러댔다.

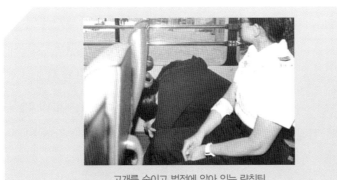
고개를 숙이고 법정에 앉아 있는 량칭팅

　량씨의 남편은 경찰에 신고했고 이내 구급차가 와 이씨를 싣고 병원으로 갔다. 신속히 제왕절개 수술을 받은 이씨는 아이를 출산했다. 그렇지만 산소 부족으로 아이는 얼마 지나지 않아 죽고 말았다.

　경찰 조사가 시작되자 그녀의 거짓말은 곧바로 들통 났다. 량칭팅은 '2003년과 2008년 두 차례에 걸쳐 유산을 했는데 이씨가 자신의 배를 만져 보라고 하며 행복한 가정생활을 자랑하는 바람에 홧김에 찔렀다'고 진술했다.

　그러나 그것도 거짓말. 그녀는 한번도 임신한 적이 없었으며 남편에게 '아이를 가졌다'고 한 거짓말을 감추기 위해 이 같은 행각을 벌인 것으로 드러났다.

　그녀는 현재 징역 10년을 선고받고 복역 중이다.

중국인들의 극단적 이기주의

중국인들에게는 극단적인 이기주의 성향이 있다. 지난해에도 70대 노인이 옆에서 죽어가는데도 본체만체하며 마작삼매경에 빠진 중국인들의 영상이 인터넷에 퍼지면서 논란이 된 적이 있다.

이러한 이기주의는 오랜 역사에서 유래된 것일 수도 있지만 1970년대 문화대혁명과 1980년대 개혁 개방, 1990년대 이후 급속한 경제 발전을 거치면서 '살기 위해서' 또는 '이익을 얻기 위해' '자신을 보호하기 위해'라는 경향이 극단적인 형태로 나타났다고 보는 것이 좋겠다.

그래서 그들은 자신과 상관없으면 크게 남의 일에 상관하지 않지만 반대로 조금이라도 나에게 피해가 온다면 죽일 듯이 달려든다. 또 내게 필요한 것이 있으면 이성적 판단 없이 수단과 방법을 가리지 않고 취하려 한다.

중국인들의 이기주의는 서양인들처럼 타인으로부터 나의 이익을 보호하는 방어적 이기주의가 아니라 나의 이익에 방해가 되는 것은 무엇이든 없애 버린다는 배타적 이기주의이기 때문에 더 위험하다.

'이기심' ······
국가도 예외는 아니다

막대한 외환 보유고로 세계 자원을 끊임없이 사들이고 있으면서도 정작 희토류 등 자국이 가진 희소 광물의 수출은 제한해 자원 가격을 높이는 모습을 보면 중국의 이기주의 뿌리는 생각보다 더 단단해 보인다.

국가가 집행하는 정책이나 다른 나라와의 외교 속에도 뿌리 깊은 이기심이 표출된다.

중국에도 반독점법이라는 법이 있다. 기업 인수 및 합병$^{M\&A}$ 등 독점을 강화하는 행위나 소비자 및 다른 기업의 이익을 침해하는 각종 불공정 행위를 금지하는 법을 말한다. 그런데 이 법을 중국 내 M&A는 물론 다른 국가 간 M&A에까지 적용하려고 한다. 중국이라는 거대한 시장을 포기할 수 없는 글로벌 기업들은 울며 겨자 먹기로 중국의 뜻에 호응해 주고 있는 양상을 띠고 있다.

모토로라를 인수한 구글이 대표적인 희생양이다. 중국 상무부는 최근 '구글의 모토로라 인수를 주의 깊게 검토하고 있으며 중국 내의 반독점법을 적용해 엄격히 심사할 것'이라고 밝혔다. 미국 기업 간의 M&A임에도 불구하고 중국 내 사업에서는 중국법을 들이대겠다는 것이다.

중국의 반독점법 규정을 보면 해외 기업 간 M&A라도 중국 내 시장 경쟁에 영향을 미치는 경우 이를 제재할 수 있도록 규정하고 있다. 또 대상 기업을 중국 내 매출액 4억 위안$^{약\,716억\,원}$ 이상의 기업이라

서점에서 팔리고 있는 중국 반독점법에 관한 서적

고 명시하고 있다. 이는 대다수의 글로벌 기업에 해당한다.

특히 구글은 중국 당국과 검열 문제로 갈등을 빚어온 터라 심사 결과에 따라 구글과 모토로라의 중국 사업은 큰 타격을 받을 것으로 보인다.

중국은 이미 2011년 7월에도 러시아 탄산칼륨 생산업체인 우랄칼리와 실비아트의 M&A를 승인했지만 중국인 소비자와 일정한 가격 협상을 통해 상품을 공급할 것을 요구했다. 또 이를 어길 경우 벌금을 부과할 것이라고 경고하면서 반독점법을 발동시킨 바 있다.

이러한 반독점법 관련 규정은 더욱 강화되고 있는 추세다. 같은 해 6월 중국은 자국에서 사업을 하면서 적법하게 신고하지 않은 기업에 대해 사업을 정지할 수 있으며 지분 및 자산을 처분할 수 있다는 규정을 신설했다.

또 외국 기업이 중국 기업을 인수한 경우라도 자원과 에너지 등에서 자국 안보에 영향을 끼친다고 판단될 경우 주식 및 자산을 강제로

양도하도록 못 박았다.

지난 2010년에는 중국의 이기심 때문에 4개국에 걸쳐 있는 메콩강 물이 말라 가고 있다는 논란이 일면서 국제적인 물 분쟁까지 있었다.

당시 중국은 메콩강 상류인 란창강에 11개의 댐을 건설하고 있었는데 타이와 베트남, 라오스와 캄보디아 등 메콩강위원회 4개국은 중국이 댐에서 물을 방류하지 않기 때문에 메콩강이 말라 간다고 주장했다.

중국이 댐을 건설한 것은 한 해 전 겨울부터 시작된 극심한 가뭄으로 중국 내 2,400만 명의 식수가 부족해 생존을 위협받는 상황까지 왔기 때문이다. 이 때문에 중국 서남부 윈난성에서는 저수지와 댐, 우물 건설에 270억 위안$^{약 4조 8,400억 원}$을 쏟아부었다. 란찬강 댐도 그중 하나였다.

이런 움직임 때문에 주변국은 또 다른 물난리를 겪어야 했다. 메콩강 일부 지역 수위가 20년 만에 최저인 33cm까지 낮아져 수상 운송과 관광이 중단되고 농업과 어업에도 막대한 피해를 입혔기 때문이다.

그러나 중국은 주변국의 생존 위험은 무시하고 이번 사태가 단순한 가뭄 때문이라는 주장만 되풀이했다.

3

주권이 먼저냐, 인권이 먼저냐

_ '월급 110원, 15시간 근무'

중국 충칭시 룽창현에 사는 22세의 리더후이는 악몽 같았던 3개월을 힘들게 기억해 냈다.

리씨는 광둥성 둥관에 있는 한 신발 공장을 그만두고 일자리를 찾고 있었다. 그러다 후미진 골목을 지나고 있을 때 벽에 붙어 있는 건축현장 구인광고를 발견했다.

하루 8시간 작업, 일당 80~90위안^{약 1만 4,000원~1만 6,000원}

리더후이는 심장이 두근두근 뛰었다. 전화를 걸어 자신을 소개한 그는 자신이 지금 어디에 있는지 위치를 알려줬다. 20분 후 한 대의 검은 승합차가 멈추더니 타라고 했다. 또 다른 골목에서도 3명의 남자를 더 태웠다.

176

한참을 달려 도착한 곳은 한 벽돌 공장이었다. 승합차 운전기사는 4명의 남자들에게 '내리세요'라고 말한 뒤 1,200위안^{약 21만 4,000원}을 받아 갔다. 알고 보니 1인당 400위안씩^{약 7만 1,000원}을 받고 판 것이다.

벽돌 공장에서의 생활은 악몽이었다. 화장실에 갈 때도 감독관들이 뒤따랐다. 매일 밤 12시 30분에 일어나 출근하고 7시 30분이 돼야 아침밥을 먹었다. 식사 시간은 20분이 고작이다. 그리고 또 일을 하다 11시에나 잠깐 쉴 수 있었다. 하루 15시간을 꼬박 일했다.

출근해서 잠깐이라도 졸면 감독관들은 사정없이 때렸다. 3개월 동안 이곳에서 일하며 받은 돈이라곤 5위안이 전부인 사람도 있었다.

결국 리더후이는 이곳을 탈출해야겠다는 생각을 했다. 그러려면 일단 벽돌 공장 주인에게 잘 보여야겠다고 생각한 그는 동료들이 게으름을 피우면 따귀를 때리며 '열심히 일해'라고 소리 질렀다. 계속 이런 일이 반복되자 주인은 그를 눈여겨보게 되고 신뢰하게 됐다.

그러다 리더후이는 운명의 동료를 만났다. 예전 신발 공장에서 같이 일하던 저우 씨였다. 그도 이 벽돌 공장으로 팔려 온 것이다.

리더후이는 주인이 자신을 신임하는 것을 이용해 저우 씨를 먼저 탈출시켰다. 밖으로 나온 저우 씨는 리더후이의 아버지에게 전화를 걸어 '당신의 아들이 모처의 벽돌 공장에 납치돼 있으니 빨리 와서 구출하라'고 말했다. 리더후이의 아버지는 재빨리 경찰과 함께 벽돌 공장으로 갔고 그의 노예 같은 생활은 종지부를 찍었다. 함께 있던 14명의 노동자들도 동시에 구출됐다.

노동을 착취당하며 노예 생활을 해온 지적 장애인

신장의 한 건축자재 공장에서도 비슷한 일이 발생했다. 장애인증이 없는 지적 장애인 8명을 데려다가 4년 동안 노동을 착취한 것이다.

이 공장은 단 하루도 휴무가 없었으며 기자들이 찾아갔을 때는 장애인들이 개, 돼지들이 먹는 그릇에다 밥을 먹고 있었다. 또 일을 안하거나 말을 듣지 않으면 가죽 채찍으로 이들을 때리기도 했다.

**중국, 인권 문제는
경제로 푼다?……
'주권이 먼저냐, 인권이 먼저냐'**

중국의 인권 문제는 이미 세계적 외교 문제로까지 비화된 지 오래다. 경제 성장으로 미국과 유럽의 지위를 넘보는 중국을 흠집낼 수 있는 가장 치명적인 무기이기 때문이다.

중국의 인권 문제는 문화대혁명기를 지나면서부터 수면 위로 떠올랐다. 당시 문화대혁명의 폐해를 겪은 지식인들은 공산당의 정치적

중국의 인권 문제를 외교 문제로 비화시킨 노벨평화상 수상자 류샤오보

경직성을 비판하면서 '제5 현대화'를 요구했고, 그 안에 인권 보호가 주요 내용으로 떠올랐다. 그러나 쉽게 공론화되지는 못했다.

이후 톈안먼 사태가 발생하고 동구권이 몰락하자 체제 옹호를 위해 당시 주석이었던 장쩌민은 스스로 '인권'을 제창했고 《인권백서》를 발간하기도 했다.

그러나 인권 문제가 류샤오보, 아이웨이웨이, 후자 등 반체제 인사들의 방패가 되고 티베트 등 소수 민족들의 무기가 되자 상황은 급격히 변했다. 인권보다는 주권이 우선이라는 방향으로 선회한 것이다. 특히 미국 등 서방국이 중국을 공격하자 인권 문제에 대한 거론은 '내정 간섭'이 되면서 외교 문제와 경제 문제로까지 확대됐다.

류샤오보의 노벨평화상 수상 이후 노벨상을 주관하는 노르웨이는 수입과 수출에 제재를 받기도 했으며, 중국의 반대에도 불구하고 티베트의 정신적 지주 달라이 라마를 만난 프랑스 사르코지 대통령은, 중국이 프랑스산 에어버스 구매를 연기하자 꼬리를 내리기도 했다.

4 교육과 훈계의 경계선은?

_ 말 안 들으면 펄펄 끓는 물속에

새벽 4시 초인종이 울렸다. 문을 연 샤오치우룽의 할머니는 깜짝 놀라 쓰러질 뻔했다. 살이 옷에 붙어 온몸이 뻘겋게 된 손녀 샤오치우룽이 서 있었기 때문이다.

놀란 할머니는 샤오치우룽을 업고 병원으로 달려갔다. 검사 결과 전신 85% 화상이라는 진단 결과가 내려졌다. 진료했던 의사는 '상처만 놓고 보면 적어도 30초 이상 펄펄 끓는 물에 들어가 있었던 것으로 보인다'고 말했다.

현재 샤오치우룽의 피부는 정상적으로 재생할 수 없는 상태까지 악화돼 피부 이식을 해야 하지만, 몸에 피부가 거의 남아 있지 않아 그것조차 어려운 상태다. 어찌하다 7세 된 꼬마가 이런 일을 당했을까.

샤오치우룽은 별거에 들어간 부모 때문에 태어난 지 두 달도 되지

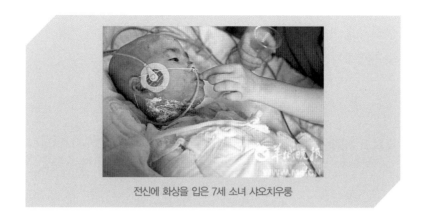
전신에 화상을 입은 7세 소녀 샤오치우룽

않아 아버지 밑에서 자라게 됐다. 일을 하러 가야 했던 아버지는 샤오치우룽을 할머니댁에 맡겼다. 할머니는 손녀를 정성껏 보살폈다.

그러던 어느 날 아버지 린수이쵄이 갑자기 할머니 집을 방문해 딸 샤오치우룽을 데려가야겠다고 말했다. 친부가 키우겠다는데 말릴 이유가 없던 할머니는 샤오치우룽을 떠나 보냈다. 거기까지가 할머니가 샤오치우룽을 마지막으로 본 기억이다.

경찰 조사를 받던 린수이쵄은 '내가 부주의해서 이런 일이 벌어졌습니다. 실수였습니다'라고 말했다. 그러나 그의 행동에서 이상한 낌새를 챘던 경찰이 계속해서 당시 상황을 캐물었다. 결국 린수이쵄이 털어놓은 사실에 사람들은 경악을 금치 못했다.

린수이쵄에게는 동거녀가 있었는데 둘은 샤오치우룽이 말을 듣지 않을 때면 끓는 물에 딸을 집어넣어 훈계했다는 것이다. 물이 뜨거워 밖으로 나오려고 하면 몽둥이로 때려 나오지 못하게 했다. 아버지 린수이쵄은 이것도 교육의 일종이었다고 변명했지만 격분한 할아버지

가 자신의 아들을 경찰에 신고해 그는 결국 아동학대죄로 철창 신세
를 지게 됐다.

교육과 학대…… 경계선은?

이런 극단적인 경우가 아니더라도 체벌과 강요 등 우리 교육 현장에서도 흔히 볼 수 있는 상황들을 두고 '학대냐 교육이냐' 라는 논란은 계속 있어 왔다.

지난 2011년 '타이거 맘' 이라는 별명까지 얻은 에이미 추아^{중국계 미국인} 미국 예일대 교수는 전 세계 학부모들의 큰 관심을 받았다.

그녀의 첫째 딸이 예일대와 하버드대에 동시에 합격하면서 그녀의 교육법이 담긴 에세이 《타이거 마더^{Battle Hymn of the Tiger Mother}》가 뜨거운 이슈를 불러일으켰기 때문이다.

그녀는 책 서문에서 '왜 중국 엄마가 우월한가' 라는 제목으로 동서양의 자녀 교육법을 비교했다. 그녀는 서양 엄마들과 중국인 엄마들이 어떻게 다른지를 3가지로 설명했다.

첫째, 서양인 부모는 자식의 자존심이 다칠 것을 지나치게 걱정한다. 아이가 뭔가에 실패했을 때 풀이 죽을까 봐 우려하기 때문에 시험이나 대회에서 중간 정도의 성적만 얻어도 잘했다는 말로 계속 아이를 안심시키려 한다. 그러나 중국인 부모는 그렇

지 않다. 그들은 나약함이 아니라 강인함을 당연시하기 때문에 태도 자체가 다르다. 그들은 기대에 못 미치는 성적을 끌어올리기 위해 아이를 꾸짖고 벌을 주고 창피를 준다. 중국인 부모는 자신의 아이가 창피함을 이겨내고 발전할 수 있을 만큼 강하다고 믿는다.

둘째, 중국인 부모는 자식이 부모에게 빚을 지고 있다고 믿는다. 중국 아이들은 평생 부모에게 순종하고 부모의 자랑거리가 되어서 부모에게 보답해야 마땅하다는 것이 내 생각이다. 반면 대부분의 서양인들에게는 자식이 부모에게 영원히 빚을 졌다는 시각이 없는 것 같다.

셋째, 중국인 부모는 아이에게 무엇이 최선인지는 부모들이 가장 잘 안다고 믿기 때문에 아이의 모든 욕구와 선호 사항에 대해 결정권을 행사한다. 중국인 가정의 딸들이 고등학교 때 남자 친구를 사귀지 못하는 것도, 중국인 가정의 아이들이 캠프에 가서 잠을 자고 오는 일이 없는 것도 바로 그 때문이다.

실제 추아 교수는 딸들을 다그칠 때 '쓰레기' '게으름뱅이' 같은 모욕적인 말을 서슴지 않았으며 할 일을 다 끝내지 못하면 화장실 가는 것도 금지시켰다. 이 때문에 딸들은 '밤샘 파티, TV 시청과 컴퓨터 게임, 애완동물 키우기, 1등이 아닌 다른 성적' 등과는 거리가 먼 생활을 했다.

〈뉴욕타임스〉 등 언론과 교육학자들은 그녀의 이 같은 교육법에 대해 교육이 아닌 아동 학대라고 비판을 쏟아냈다. 일부 중국인들도 '이 같은 봉건적 문화가 중국인의 창의력을 앗아갔다' '저자는 자기 혐오와 불안정으로 꽉 찬 사람' 이라는 비난을 보냈다.

논란이 거세지자 추아 교수는 '자신의 딸들이 대학을 입학하고 난 후에는 오히려 더 개방적인 생활을 하고 있다' 고 해명했지만 교육과 학대의 경계에 대한 논란은 끊이지 않고 있다.

5 '수수방관' '오불관언' 중국의 국민성

_ '난 모르는 사람이에요'

중국 경제 기적의 시발점이라고 할 수 있는 광둥성에서 연일 충격적인 사건이 일어나고 있다. 이제 겨우 두 살 된 웨웨는 엄마가 빨래를 걷으러 간 사이 오빠를 찾아 거리로 나왔다. 소형 승합차가 달려오는 것을 몰랐던 웨웨는 허벅지가 차 앞바퀴에 깔리는 교통사고를 당했다. 승합차 기사였던 후씨는 잠시 멈췄지만 직감적으로 이상하다는 생각이 들자 다시 차를 몰아 웨웨는 뒷바퀴에 한 번 더 깔리게 됐다.

이때까지만 해도 발버둥을 치던 아이는 2분 뒤 또다시 달려오던 트럭에 치여 움직임을 멈췄다. 이후 15명의 행인이 쓰러진 웨웨를 목격했으나 누구 하나 나서는 사람이 없었다. 사고를 당한 뒤 7분이 지나서야 길에서 폐지를 줍던 아줌마가 소리쳤다.

"누구 아이요?"

놀라 달려온 웨웨의 어머니는 아이를 급히 병원으로 옮겼지만 웨웨는 심한 뇌진탕과 골절상으로 인해 뇌사 판정을 받았다.

충격적인 일은 연이어 일어났다.

주부였던 리쯔전이 아들을 데리러 길을 나선 건 오후 4시쯤이었다. 빨리 가야겠다는 생각에 길을 재촉하고 있었는데 갑자기 한 괴한이 덮쳤다. 흉기를 목에 대고 리쯔전을 도로 한쪽으로 끌고 간 뒤 바닥에 눕힌 괴한은 반지와 지갑을 뺏은 뒤 옷을 벗겼다. 그리고 그녀를 성폭행했다. 대낮이었고 행인들도 버젓이 길을 지나고 있었다. 소리를 치자 괴한은 벽돌을 집어 리쯔전을 사정없이 때렸다. 사람들은 괴한한테 맞아 피를 흘리는 그녀를 보고도 그냥 지나쳤다. 괴한이 떠난 후 30분간이나 알몸인 채 묶여 있었지만 아무도 그녀에게 눈길을 주지 않았다. 결국 그녀는 사건 발생 두 시간 후 스스로 몸을 큰 도로 쪽으로 굴린 후에야 지나가던 남성의 도움을 받을 수 있었다.

이에 앞서 쓰촨성 마작판에서 사망한 노인 사건은 중국 전역을 떠들썩하게 했다.

쓰촨성 청두 진장의 한 찻집에서 70대 노인이 쓰러졌지만 마작꾼들은 거들떠보지도 않고 게임을 계속했다. 근처에 있던 사람들의 신고로 구급대가 도착했지만 길바닥에 쓰러진 노인은 이미 죽은 뒤였고, 딸이 현장에 달려와 통곡을 할 때도 마작꾼들은 눈 하나 깜짝하지 않았다.

이 영상이 중국 인터넷을 통해 급속히 퍼지면서 자성의 목소리를 높였지만 지금도 비슷한 사건은 연일 계속되고 있다.

옆에서 노인이 죽어가는 데도 마작 삼매경에 빠진 중국인

중국인들의 '외면 문화'
······ 무너진 도덕성

이런 일들이 계속되는 가운데 중국 청년보가 의미 있는 여론 조사를 실시했다. 중국인들이 곤경에 처한 사람을 도와주지 않는 것에 대해 이유를 조사한 것인데 응답자의 70%가 '나에게 화가 미칠까 봐'라고 대답했다.

또 응답자의 66%가 '펑위 사건'을 언급하며 중국을 몰인정 사회로 만드는 데 이 사건이 큰 영향을 끼쳤다고 지적했다.

당시 일용직 근로자였던 펑위는 승강장에서 버스를 타려고 몰려든 군중에 의해 쓰러진 한 할머니를 부축해 일으켜 세우고 할머니의 가족에게 연락해 병원에서 진료를 받을 수 있도록 도왔다. 그러나 그에게 돌아온 것은 고맙다는 답례 대신 손해배상청구였다. 할머니가 자신을 밀어 넘어뜨린 가해자로 펑위를 지목하며 배상금으로 13만

중국을 몰인정한 사회로 만드는 데 큰 영향을 끼친 펑위 사건의 주인공 펑위

위안약 2,325만 원을 요구하고 나섰기 때문이다.

목격자들의 증언에도 불구하고 법원은 1심에서 '공평의 원칙'을 내세워 펑위에게 4만 위안약 715만 원을 배상하라고 판결했다.

이 사건으로 중국인의 '외면 문화'는 더욱 확산됐고 정부는 급기야 '노인 부축 가이드라인'이라는 어이없는 문건까지 만들었다. 쓰러진 노인을 발견하면 외면하지 말고 도와줘야 하며 외면하면 상황에 따라 처벌할 수도 있다는 내용을 담고 있다.

그러나 일부에서는 중국의 '수수방관' '오관불언나와 상관없는 일에 관여하지 않는다' 문화는 고대까지 거슬러 올라가는 문화적 요인에 기인한다고 주장하고 있다.

중국 유명 사회학자인 딩둥은 "중국인에게는 '중간에 서서 치우침이 없다'는 중용이라는 처세 철학에 '혼자서 세간의 도리와 수천 년 쌓아온 인심을 변화시킬 수는 없다'는 문화 유전자가 들어 있다"고 지적했다. 또 '수많은 법률을 만들고도 법의 권위를 세우지 못하고 있다'며 모든 사상 위에 정치가 있음을 강조했다. 이어 '정치를 하면서 도덕을 지키지 않는 풍조가 만연했으며 교육도 이에 따라 움직이게 되면서 교육을 받는 자들이 선악과 시비를 구별하는 능력을 갖추지 못했다'고 덧붙였다.

즉, 무조건 상부의 지시를 따를 수밖에 없는 토대가 마련되면서 신의와 도덕이 무용지물이 됐다는 이야기다.

영화 〈집결호〉로 유명한 펑 샤오강 감독도 자신의 작품 발표회에서 '이전에는 통신이 발달되지 않아 제대로 알려지지 않았을 뿐 이러한 모습은 우리 민족성에서 오랫동안 계속돼 왔다'며 이런 문화가 중국인들의 인성에서 기인했음을 지적했다.

part 05

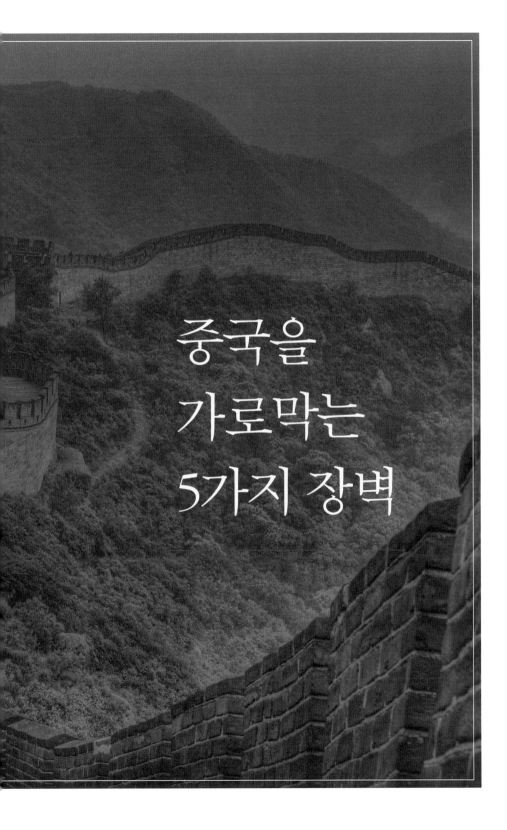

중국을
가로막는
5가지 장벽

1

대만을 어떻게 부르나?

_ '친중파' 마잉주 재선 성공, 후폭풍은?

2010년 2월 대만 마잉주^{馬英九} 총통은 대만을 방문한 미 하원의원을 만난 자리에서 '올해 중국과 경제협력기본협정^{ECFA}을 체결해 양국 무역을 제도화하기를 희망한다' 고 말했다.

큰 문제가 없어 보이는 이 발언으로 대만과 중국 정계는 큰 소동을 빚었다. 마 총통이 사용한 '양국' 이란 용어 때문이었다.

이는 중화민국을 계승한 대만이 유일한 중국의 합법 정부임을 주장하는 대만 헌법에 위배될뿐더러 '대만은 중국에 속해 있는 하나의 성에 불과하다' 는 이른바 '중국의 원칙' 에도 어긋나기 때문이다.

총통부는 즉각 '단순한 실수' 라고 해명했지만 일각에서는 의도된 발언이 아니냐는 의혹이 쏟아졌다. 마 총통은 그렇잖아도 통일과 관련된 말실수와 해명을 번복하며 대만 야당으로부터 중국과 대만 통일을 가속화시킨다는 비난을 받고 있던 터였다.

대만의 재선에 성공한 마잉주 총통

또 2011년 말 마 총통은 〈월스트리트 저널〉과의 인터뷰에서 '중국과 통일이 이루어질지 여부는 앞으로 10년간의 정세에 달려 있다'는 발언을 해 언론과 야당의 뭇매를 맞았고 이에 총통부는 즉각 '수십년decades을 10년decade'으로 잘못 쓴 것'이라고 해명하며 긴급 수습에 나선 바 있다. 그러나 마 총통의 통일 관련 발언과 수습 사건은 한두 번이 아니었다.

2008년 9월 멕시코 언론과의 인터뷰에서도 '대만과 중국의 관계는 국가 대 국가의 관계가 아니다'라고 말해 곤혹을 치렀다. 또 2009년 5월 〈싱가포르 연합보〉와의 인터뷰에서도 '연임한다면 정치 협상을 개시하겠다'고 말한 뒤 여론이 들끓자 '현 단계의 양안 교류는 경제 무역이 중심이 되어야 하고 정치 대화의 여건은 무르익지 않았다'고 말을 바꾼 적이 있다.

야당인 민진당 측에서는 '중국이 경제 교류에 이어 정치적 요구를 해 올 것'이라며 '곧 통일 논의가 있을 것'이라고 언급했다. 대만 관영 〈중앙통신사〉도 '대만 대륙위원회가 '중국이 양안 정치 대화 준비에 착수했다'는 보고서를 냈다'며 대만 내에서도 중국과의 정치 대화를 준비하고 있음을 시사하는 보도를 냈다.

'친중파' 마잉주 총통 재선 성공…… 경제 협력에 이어 정치 대화도?

대만에는 친중파 마잉주 총통이 2012년 1월 재선에 성공하면서 양안중국과 대만의 협력 관계는 더욱 탄력을 받게 됐다.

마 총통이 재선에 성공한 것은 중국과 맞서고 있는 야당이 집권할 경우 양안 관계가 불안해지고 경제가 악화될지 모른다고 생각한 유권자들이 '변화'보다는 '안정'을 택한 결과로 풀이된다.

현 집권당이 승리함에 따라 지난 4년간 마 총통이 추진해 온 중국과의 교류는 더욱 활발해질 것으로 보인다. 마 정부가 지난 2010년 중국과 체결한 양안 경제협력기본협정ECFA에 이어 양안 투자보장협정 체결을 위한 협상도 속도가 빨라질 전망이다.

경제 협력과 더불어 정치적 대화에도 관심이 쏠리고 있다. 대만 내에서는 현재 양안간 정치 대화 등에 대비한 총통부 직속 양안평화위원회 설립 논의 등이 나오고 있다.

정치적 상황 등을 고려하면 양안 협력은 당분간 정치보다는 경제, 문화 교류 분야에 초점이 맞춰질 것으로 보이지만 문화 교류는 정치 교류의 시발점이 될 수 있다.

지난 2008년 중국과 대만은 59년 만에 역사적인 양안3통통우, 통항, 통상에 합의했다

　마 총통 재선 직후 궈진룽 베이징 시장이 대만의 타이베이에서 열리는 '베이징 문화 주간' 행사에 맞춰 대만을 방문한 것을 두고 홍콩 언론은 정치 대화를 위한 길을 닦았다는 평가를 한 것이 좋은 일례다.

　현재 마 정부는 '평화 협상' 등 정치 대화는 당분간 없을 것이라는 입장을 견지하고 있다. 총통 선거 3개월 전인 2011년 10월 중국과의 평화 협정 카드를 꺼냈다 홍역을 치렀기 때문이다. 당시 야당 측이 '중국과 통일을 추진하려는 의도다. 대만의 독립성을 훼손하는 행보다' 라고 공격하자 '국가가 필요로 하고, 국민의 지지가 있을 때 검토할 수 있다' 며 발을 빼는 모양새를 취했었다.

　그러나 지금과 같은 상태를 중국이 가만히 보고만 있지는 않을 것으로 보인다. 중국이 2012년 가을, 지도부 교체를 앞두고 있기 때문에 단기간에 긍정적 변화를 요구하는 무리수를 두지는 않겠지만 마 총통 임기 내 괄목할 만한 성과를 내기 위해 일정 시점에서 압박

수단을 동원할 가능성도 배제할 수 없기 때문이다.

양안의 경제협력기본협정 협상에서 중국의 개방 폭이 대만보다 훨씬 컸던 것도 중국이 경제를 내주고 정치적 입지를 굳히려는 의도라는 분석도 있었다.

중국과 대만의 평화 협정은 수십 년간 대만 국민당과 중국 공산당 간의 내전 상태를 공식적으로 종식시켜 양안간의 화해를 제도화하기 위해 후진타오 중국 국가주석이 이미 제안했던 사안이다.

2 달라이 라마 독살설 진실은?

_ 새로운 티베트 '중국과의 대화' 가능할까?

2011년 초 티베트의 정신적 지도자인 달라이 라마를 독살하기 위해 중국 측이 티베트 여성 요원을 훈련시키고 있다는 주장이 제기됐다.

달라이 라마는 '중국 측이 티베트 여성을 훈련시키고 있으며 열광적인 신자들이 자신의 축복을 받으러 다가올 때, 이 훈련받은 여성이 자신을 독살할 것'이라는 이야기를 중국의 티베트 자치구 내부로부터 전해 들었다고 말했다.

독살 방법에 대해서는 머리카락에 독을 묻히거나 독을 묻힌 '하다 ㅋㅋ홿, 티베트인들이 축하와 경의를 표시할 때 상대의 목에 둘러주는 비단 목도리'를 사용할 것이라고 말했다.

이러한 의혹은 중국 당국이 달라이 라마의 후계자 선정에 개입하려 한다는 우려와 함께 제기됐다. 티베트 전통에 따르면 달라이 라마

티베트의 정신적 지도자 달라이 라마

가 열반한 뒤에 태어난 티베트 어린이 중에서 한 명을 달라이 라마의 환생으로 인정한다. 현 달라이 라마도 13대 달라이 라마가 사망한 뒤, 다섯 살 때인 1940년 14대 달라이 라마로 즉위했다.

티베트인들은 '중국 정부가 자신들이 임명하고 중국에 협조적인 판첸 라마인 기알첸 노르부를 달라이 라마 사후에 그의 후계로 세울 것'이라고 주장하고 있다. 이 때문에 달라이 라마와 티베트 망명 정부는 중국 정부와 심각하게 대립해 왔다. 중국의 티베트 탄압과 후계 갈등이 겹치면서 2011년 초부터 티베트 승려들의 분신자살도 잇따르고 있다.

중국 티베트 자치구의 당서기 천취안궈도 티베트 불교 후계자 선정에 있어 인도에 망명 중인 달라이 라마 집단을 배제한 것으로 전해졌다.

천 서기는 라싸에서 열린 티베트 전국인민대표대회에 참석해 종교 활동과 종교 시설, 신도들의 합법적 권리를 보호하겠다며 후계자 선정에 달라이 라마가 간섭해서는 안 된다고 언급한 것이다.

중국 정부는 그동안 달라이 라마 후계자 선정을 중국이 주도하겠다는 뜻을 여러 차례 밝혔고 '티베트불교이론연구소'를 설립해 학생들을 양성함은 물론, 티베트 불교를 중국화하기 위해 애써 왔다.

그럼에도 달라이 라마는 자신의 생전에 중국의 강경 노선을 바꾸어 티베트의 경제 발전을 위한 민주 개혁이 추진될 수 있을 것이라고 낙관했다.

달라이 라마 '대티베트' 구상안······ 중국 정부 절대 수용 불가

중국과 티베트의 긴장 관계가 가장 높이 올라간 시기가 지난 2008년이다. 그해 3월 티베트 라싸에서 벌어진 대규모 독립 시위를 중국 정부가 무력 진압하면서 중국과 티베트의 관계는 국제 사회에 크게 알려졌다.

중국 정부 통계에 따르면 이 사태로 민간인 18명과 경찰 2명이 사망하고, 민간인 382명과 경찰 240명이 부상했다. 그러나 티베트 정부는 140여 명이 사망했고 1,000여 명이 부상당했으며 수백 명이 구금 상태에 있다고 주장했다. 또 중국 정부가 유혈 진압의 흔적을 없애기 위해 사망자의 시신을 강제로 화장했다고 덧붙였다.

당시 중국은 2008 베이징올림픽을 앞두고 있던 시기여서 국제 여론을 의식, 이 문제 해결에 신중한 태도를 보였으며 프랑스와 독일 등 서방 국가의 올림픽 불참 선언이 이어지자 결국 달라이 라마와 협상 테이블에 앉았다.

그러나 '협상'은 근본적으로 불가능한 것이었다. 달라이 라마는 1980년대 이후 국제 환경 변화를 반영해 티베트 독립 대신 '고도 자치와 대*티베트 구상안'을 제시했다.

'대티베트' 구상안은 티베트 자치구뿐 아니라 티베트인이 살고 있는 지역을 정치적으로 통일하려는 것이다. 티베트인이 거주하는 지역은 칭하이성 전부와 깐수성, 쓰촨성, 윈난성 일부를 포함하고 있으며, 이는 티베트 자치구의 2배, 중국 총 면적의 4분의 1에 해당된다.

아무리 중국의 관할 안에 있다 해도 이 넓은 지역을 티베트가 자치할 수 있도록 내버려 두는 것은 매우 위험한 일이었다. 결국 2008년 5월 4일 화제를 불러모았던 중국 정부와 달라이 라마의 협상은 양측의 입장 차이만 확인한 채 성과 없이 끝나고 말았다.

티베트, 새로운 정치 지도자 상가이의 등장

중국과 대립 관계를 유지해 오던 티베트 망명 정부에 2011년 개혁의 신호탄이 쏘아 올려졌다. 43세의 하버드대 교수 롭상 상가이가 달라이 라마의 뒤를 이을 티베트 망명 정부의 새 정치

지도자로 선출된 것이다.

그의 선출은 '변화'를 의미한다. 달라이 라마의 붉은 승려복 대신 양복을 입고 무스를 발라 넘긴 머리는 외적으로도 이미 새시대가 왔음을 보여 줬다.

승려가 아닌 세속 지도자의 등장이라는 점에서도 연로한 종교적 인물들이 주도해 온 티베트 망명 정부가 달라질 것이라는 기대감을 줬다.

이날 상가이는 티베트 난민 출신 유권자 4만 9,000여 명이 선거에 참가한 가운데 55%의 득표율을 얻어 37%를 얻은 텐진 테통 전 주미 티베트인 대표와 6%를 얻은 타시 왕디 망명 정부 관리를 가볍게 제쳤다.

상가이의 일생은 티베트 정부 역사와 맥을 같이하고 있다. 그가 인도로 망명한 아버지와 어머니 사이에서 태어났기 때문이다. 승려였던 아버지는 중국군이 동티베트에 있는 수도원을 파괴하는 모습을 목격한 후 1959년 달라이 라마와 함께 인도로 망명했다.

이후 작은 기업체를 경영하기도 했지만 주로 키우던 소와 닭을 팔아 상가이를 교육시켰다. 상가이도 스스로 '소에게 많은 빚을 졌다'고 말할 정도였다.

티베트 난민 고등학교를 나온 상가이는 인도 최고 대학인 델리대학에 입학했다. 그 시절 그는 급진적으로 독립 투쟁을 추구하는 티베트청년회에 최연소 당무위원으로 선출됐고 거리 시위 등을 주도하기도 했다.

티베트의 새 지도자로 선출된
롭상 상가이

　이런 이유로 그가 당선된 후 〈로이터통신〉 등 외신은 '상가이가 티베트의 완전 독립을 주장하는 티베트청년회 출신이기 때문에 중국과 더 큰 마찰을 빚을 가능성도 있다'고 분석했다.

　그 후 그는 1996년 풀브라이트 장학생으로 선발돼 미국 하버드대에서 석사학위를 취득했으며, 2004년에는 같은 대학 로스쿨에서 국제법 법학 박사학위를 받았다. 이후 티베트를 대표하는 법학자로 떠올랐고, 중국 최고 학자들과 현대 중국 정치와 티베트 문제에 대해 토론을 벌이며 세계의 주목을 받았다.

　2007년에는 〈아시아소사이어티〉가 선정한 '아시아의 젊은 리더 24인'에 뽑혔고 하버드 법대 연구소의 방문연구원으로 다양한 활동을 했다.

　상가이는 새 지도자로 선출된 후 〈BBC〉와의 인터뷰에서 "달라이

라마가 대표적으로 추진하는 '중도 노선'은 중국 안에서 또는 중국 헌법의 틀 안에서 진정한 자치를 하는 것"이라며 티베트 독립보다는 진정한 자치를 주장하는 달라이 라마의 노선을 지지한다고 밝혔다.

같은 날 〈월스트리트저널〉과의 인터뷰에서도 '달라이 라마가 제시한 민주적 티베트 사회의 비전을 실현하기 위해 최선을 다하겠다'며 '티베트인들의 고통을 끝내는 것과 중국 정부가 티베트인들의 정체성과 존엄을 인정하게 하는 것이 최우선 과제'라고 밝혔다.

〈BBC〉 기자의 '티베트 독립이 가능한가'라는 질문에 대해서도 '하나의 가설일 뿐이며 부정도 긍정도 할 수 없다'는 신중한 태도를 보였다.

이는 그간 상가이의 정치 행보와는 조금 다른 모습이어서, 그가 대화를 통해 평화적으로 해결하는 데 주력할 것이라는 인상을 남기고 있다.

그는 티베트청년회 지도자 시절에 티베트가 중국으로부터 완전 독립해야 한다는 주장을 고수했으며, 2008년 티베트 유혈 사태 때에도 티베트 지지자들의 도움으로 미국 상원에서 중국을 비난한 강경파 인물이었다. 2008년에는 당시 존 네그로폰테 미 국무부 부장관과 상원외교위원회에 출석해 티베트 문제에 대한 증인으로 나서기도 했다.

그러던 상가이가 유화적 입장으로 돌아선 것은 중국과의 대화를 염두에 둔 것으로 보인다. 티베트 입장에서는 무엇보다도 중요한 것이 중국 정부와 대화를 시작할 수 있느냐의 문제이기 때문이다.

그동안 중국 정부는 달라이 라마가 아닌 달라이 라마 사무실과 대화를 지속해 왔다.

그러나 현재까지 중국 정부의 입장은 강경하다. 새 지도자인 상가이 선출 후 중국 외교부는 성명을 발표해 '망명 티베트 정부는 분리주의자 달라이 라마에 의해 설립된 비합법적 정치 단체로 세계 어디에서도 국가로 인정받지 못할 것'이라고 발표했다. 또 '달라이 라마의 후계자도 중국의 분열을 시도하는 불법 행위자이기 때문에 우리는 그를 대화 상대로 인정하지 않을 것'이라고 지적했다.

그러나 달라이 라마가 정치에 참여하지 않겠다고 밝힌 이상 중국 정부가 이후에는 다른 반응을 보일 수도 있다는 의견도 나온다.

티베트 내부의 반중 정서가 물가 상승으로 인한 시민의 불만과도 이어져 시위와 혁명을 일으킬 수 있다는 우려도 중국 정부가 그간의 강경 노선을 어느 정도 유화시킬 수 있다는 분석을 뒷받침하고 있다.

중국에선 2011년 티베트 불교 승려와 신자 30여 명이 중국 정부의 탄압에 항의하거나 티베트 분리 독립을 주장하며 분신했다. 특히 2011년 3월 키르티 사원의 승려 푼초그가 중국의 통치에 항의해 분신한 뒤 승려들의 분신이 잇따르고 있다.

당시 중국 공안들은 티베트 사상을 재교육시키겠다며 생필품 반입을 차단했으며, 주민들은 승려들을 지키려고 사원을 둘러싸는 사태까지 발생했다.

〈로이터통신〉은 푼초그가 분신했을 때 공안이 불을 끄려 하지 않고 오히려 그를 구타한 것이 승려와 주민들을 더 분노케 했다고 지적했다.

이러한 반중 정서는 높아지는 물가에 항의하는 시위로 확산될 위험도 있다. 중국서 재스민 운동^{민주화 운동}이 트위터를 통해 확산됐던 당시에도 현지 정부가 유류 현물세를 대폭 상향한 데 항의해 수백 명의 티베트인이 격렬한 시위를 벌였으며, 공안이 대규모 병력을 급파해 주동자를 체포한 것으로 알려졌다.

'피의 3월'……
언제까지 계속되나

티베트 문제는 항상 3월이 되면 더 불거진다. 티베트 역사와 비극을 상징하는 기념일이 모두 3월에 몰려 있기 때문이다. 3월 10일은 티베트 봉기 50주년 기념일이고 28일은 티베트 합병 50주년 기념일, 14일은 2008년 수도 라싸에서 대규모 유혈 사태가 일어난 날이다.

그래서 3월이 되면 티베트인들은 분신 등 극단적인 사건을 일으키거나 시위를 통해 티베트 독립과 민주화를 향한 결의를 다지고, 당국은 강경 진압을 되풀이하고 있다.

그런 연유로 이런 통치 방식이 언제까지 이어질 수 있느냐를 두고 중국 내부에서도 의견이 분분하다. 그래서 일부에서는 유화 정책으로 티베트인들을 흡수해야 한다고 지적하고 있다.

중국 당국은 2010년 1월 달라이 라마 측과의 대화를 재개했다. 중

중국의 종교 탄압과 소수 민족 차별에 항의하며 분신한 사건을 포함해 지난 1년 반 동안 20명 이상의 티베트인이 분신자살했다

국과 티베트 망명 정부는 2002년 대화를 시작한 후 2008년 11월까지 모두 8차례 회담을 가진 바 있다. 특히 2008년 유혈 사태 이후 세계에서 베이징올림픽 보이콧 운동이 일자 망명 정부 측과 3차례나 회담 자리를 마련했다.

또 티베트와 중국 내륙 간 물자와 인적 교류를 위해 칭장 철도를 개통했다. 이를 통해 티베트에는 중국 내륙 관광객이 몰려 티베트인들의 성지 부다라궁은 최고의 관광지가 됐다. 티베트의 반발을 무마하기 위해 종교의 자유도 보장하고 있다. 해외로 망명했거나 도피한 티베트인들에게는 주택을 제공하며 귀국을 종용하기도 했다.

당시 귀국한 한 티베트인은 '38년간의 망명 생활을 통해 일단 살아남아야 국가도 있고 종교의 자유도 있다는 것을 알았다'고 말했다.

중국의 위상이 커져 가는 것을 우려하는 국제 사회가 견제 수단으로 티베트를 지원하는 것도 중국에게는 강경 노선을 견지할 수 없는 큰 압력으로 작용한다.

중국이 티베트를 실질적으로 지배하는 동안 달라이 라마는 망명 세력에 대한 국제 사회의 지원과 동정을 규합하는 데 성공했다. 중국의 반대에도 불구하고 니콜라스 사르코지 전 프랑스 대통령과 버락 오바마 미국 대통령 등이 달라이 라마를 만나기로 결정한 것도 그 일환이다.

3

강경파 위구르인
'중국판 9·11 테러'

_ 알 카에다와 무슨 관계?

2012년 7월, 20~36세로 구성된 위구르인들이 신장 허톈에서 베이징으로 향하던 톈진항공 소속 여객기에 6개의 폭발물을 들고 탑승했다. 이들은 여객기를 납치할 목적이 아니라 아예 폭파해 추락시키려고 했다. 위구르인들은 항공기가 이륙하자마자 금속 재질의 지팡이를 휘두르면서 여객기 앞부분에 있던 조종실로 난입하려 했고, 보안 요원과 승객들에게 막히자 몰래 갖고 있던 폭발물을 터뜨리려다 제압당했다. 일부가 제압당하자 나머지 위구르인들은 자결을 시도하기도 했다. 이들은 중국으로부터의 독립을 요구하는 '동투르키스탄 이슬람운동ETIM' 소속의 강경파 위구르인들이다.

'세계위구르회의WUC' 등 온건파는 국제 사회 여론에 호소하는 등의 평화적 방식으로 독립을 추구하고 있지만, 강경파는 중국에서 독립해 '동투르키스탄'이라는 나라를 세워야 한다고 주장하면서 테러

위구르 지역에서 중국 공안이 순찰 활동을 벌이고 있다

를 불사하는 격렬한 저항을 해오고 있다. 신장 자치구에서 끊이지 않고 벌어지고 있는 각종 테러는 ETIM 등 강경파들이 주도하는 것으로 알려져 있다.

중국 당국이 이번 사건에서 우려하는 점은 크게 두 가지다.

첫째, 강경파 위구르인들이 테러 수단을 다양화했다는 점이다. 이전에는 단순히 격렬한 항의에 그쳤었다.

둘째, 이들과 국경을 맞댄 아프가니스탄, 파키스탄에서 활개 치는 알 카에다 같은 이슬람 근본주의 테러 세력과의 연계 가능성이다.

같은 이슬람교도이기 때문에 적지 않은 위구르 청년들이 '지하드^{성전}' 전사로 거듭나기 위해 인근 파키스칸 등에서 훈련을 받고 있는 것으로 알려졌다.

실제로 지난 2011년 11월 신장 자치구 허톈지구에서는 위구르족 청년들이 지하드에 참여하기 위해 인도·파키스탄 국경 방향으로 넘어가다가 공안과 맞닥뜨렸고, 저항 끝에 사살되거나 체포됐다.

중국의 종교 탄압과 소수 민족 차별에 항의하며 분신한 사건을 포함해 지난 1년 반 동안 20명 이상의 티베트인이 분신자살했다.

전문가들은 이번 사건이 역할을 나눠 한 비행기에 탑승한 후 자폭을 목적으로 했다는 점에서 9·11 테러와 유사하다는 지적을 했고, 알 카에다 등 이슬람 근본주의 테러 세력과의 연계성을 강하게 의심하고 있다. 그러나 중국 망명 위구르인 조직인 위구르인대표대회 대변인 디리샤는 인종 차별 발언을 한 한족들과 말다툼 끝에 빚어진 비행기 내 단순 폭력 사건을 중국 정부가 비행기 납치 사건으로 둔갑시켰다며, 신장 우루무치 유혈 사태 3주기를 앞두고 이 지역을 통제하기 위한 명분 축적용이라고 비난했다.

문맹 아닌 문맹……
200만 젊은 위구르인과
가난한 위구르 농민

사실 중국 입장에서 보면 티베트 문제가 더 두드러졌을 뿐 위구르 문제가 더 심각할 수도 있다. 중국 문자 개혁 실패로 200만 위구르 청년이 중국 당국에 불만을 가지고 있기 때문이다. 중국 정부는 1960년대부터 소수 민족의 문자가 중국 정부의 '중문 병음 방안'과 일치해야만 민족 간의 이해와 교류가 편리하다는 방침을 세우고 위구르 문자 개혁을 단행했다.

1970년대쯤 되자 1960년대에 초등학생이었던 아이들은 이미 대학에 진학해 신新문자를 사용하고 있었지만, 구舊문자에 익숙한 회사와 관공서 고위층들은 새롭게 신문자를 배우려 하지 않았다.

 '어른 세대와 청소년 세대의 단절' '교육과 사회생활의 단절' 등 많은 문제를 야기한 이 정책은 구문자를 선호하는 위구르 지역민들의 여론에 의해 결국 1980년 폐지됐다. 이 때문에 신문자만을 배워 왔던 아이들은 졸지에 '문맹인'이 돼 버렸다. 현지에서는 이들의 불만이 커지면 제2의 톈안먼 사태를 불러올지 모른다는 우려를 낳고 있다. 중국 정부에 있어 또 하나의 위험 요소는 위구르족 인구의 80%에 달하는 농민들이다.

 중국 정부는 신장 지역의 풍부한 석유, 천연가스, 석탄 등 지하자원 개발을 위해 이 지역에 막대한 투자 비용을 쏟아붓고 있다. 밖에서 보면 마치 신장 지역이 대대적으로 개발돼 위구르인들의 생활 수준도 올라가고 있는 것처럼 보이지만, 자원의 소유권은 중앙 정부에 있으며 지방 정부가 가져가는 몫은 아주 적기 때문에 개발은 신장 주민들에게 직접적으로 와 닿지 않는 부분이다. 게다가 위구르족 80%에 달하는 농민들은 개발로 경작지를 잃어가고 있다. 터전을 잃은 이들이 취업 자리를 찾으려 해도 생기는 자리는 모두 한족들의 몫이다. 개발 사업에 위구르인은 철저히 배제돼 왔기 때문이다. 서부대개발 사업에서 소수 민족은 건축업에 종사할 수 없다며 개발자들은 쓰촨 등지의 한족을 데려와 충원했고, 석유와 천연가스 개발 사업도 마찬가지였다. 위구르인 농민들은 결국 갈 곳을 잃었으며 중국 정부의 특단의 조치가 없는 한 위험의 불씨로 계속 남아 있을 것으로 보인다.

4 파룬궁은 사교 집단인가?

_ 대국 중국, 종교만은 흡수 못한다

1999년 4월 25일. 베이징 중난하이에 파룬궁 수련생 1만여 명이 모여들었다. 파룬궁을 비판하는 책을 출간한 출판사 앞에서 시위를 하다 체포된 동료 45명의 석방을 요구하는 시위였다.

이들이 포위한 중난하이는 공산당 총서기와 국무원 총리 등 중국 공산당 핵심 인물들이 거주하는 '중국판 백악관'이다. 이러한 행위 는 권력에 대한 정면 도전이다.

시위 3개월 후부터 중국 정부는 파룬궁을 사교邪教 집단으로 규정하 고 탄압하기 시작했다. 중국 정부 내의 파룬궁 추종자들을 강제로 탈 퇴시키고, 무차별적 폭력과 고문, 불법 감금을 자행했다. 이에 파룬 궁 수련자들도 분신자살이라는 극단적인 방법으로 탄압에 맞서며 세 계 언론의 주목을 받았다.

정부가 파룬궁에 칼을 빼든 것은 여러 각도에서 분석할 수 있다.

파룬궁 회원들이 대만 총통부 앞에서 수련 활동을 하고 있다

당시 홍콩 영자 신문 〈사우스차이나 모닝포스트〉는 이들이 재야 민주 인사, 지하 반체제 인사들과 결탁해 반정부 투쟁에 동원될 수 있다는 우려에서 중국 정부가 이들을 탄압했다고 분석했다. 그러나 일각에서는 파룬궁의 신도가 많아지고 창시자인 리훙즈에 대한 관심이 증폭되면서 중국 정부가 체제 전복을 두려워했기 때문이라고 판단하고 있다.

1999년 당시 파룬궁 수련자수가 공산 당원수보다 많은 1억 명을 넘었고, 이들은 중국 정부가 가장 두려워했던 '자유'를 전파했다.

파룬궁 문제는 최근 들어 정치·외교 문제로까지 비화되고 있다.

지난 2010년 미 하원은 파룬궁 탄압 중단을 요구하는 결의문을 '찬성 412표, 반대 1표'라는 만장일치에 가까운 지지로 채택했다. 미 하원은 결의문에서 중국 정부가 파룬궁 수련자에 대한 투옥과 박해, 고문을 중단하고 이들을 전담하는 6·10 사무실을 폐쇄할 것을 요구했다. 또 '중국 정부가 파룬궁 수련자들의 장기를 적출한다'는 2006년 한 캐나다 작가의 보고서를 인용해 중국 당국을 '베이징의 도살자'라고 강력 비난했다.

중국 정부는 이를 '종교 문제를 이용한 내정 간섭'으로 규정하고 거세게 항의했다.

종교 용납 못하는 사회주의 국가의 자존심

중국이 개혁 개방을 적극 추진하고 자본주의 경제를 일부 수용하고 있지만 여전히 사회주의 국가라는 사실은 종교 문제에서 가장 극명하게 나타난다.

중국은 종교와 사교를 구분하고 있으며 무수한 법령으로 정상적인 종교 활동을 적시하고, 그것에 위배되는 모든 종교 활동은 불법적인 사교로 규정한다. 중국 정부가 불법적 종교 활동을 하는 것으로 보는 대표적 단체가 바로 파룬궁과 달라이 라마 집단이다.

중국 정부와 티베트 사이에 발생하고 있는 문제들도 라마교라는 티베트 불교와 밀접한 관련이 있다.

2009년 티베트 무장 봉기 50주년을 앞두고 중국 정부는 라싸 시내 전역에 무장 경찰을 배치하고 젊은 승려들에게는 예비 검속 차원에서 귀향 조치를 내렸다. 달라이 라마가 살던 포탈라궁도 무장 경찰의 철통같은 경비 속에 출입이 엄격히 제한됐다.

또 언론을 통해 달라이 라마를 '종교인이 아닌 정치적 망명자'라 소개하고 그가 주장하는 '대티베트와 고도 자치'는 중국 영토의 4분의 1을 빼앗으려는 행위이며 중국 정부의 행동은 이에 대한 정당한 방어라고 강조했다.

하지만 이에 대해 달라이 라마는 홍콩 〈아주주간〉과의 인터뷰에서 '우리가 바라는 것은 언어와 문자, 그리고 민족적 특성을 포함한 종교를 보호하려는 것'이라 주장했다.

이들의 대립은 1959년으로 거슬러 올라간다.

1959년 3월 10일 오후 티베트에 주둔한 중국군이 티베트의 정신적 지도자 달라이 라마를 납치해 독살할 것이라는 소문이 퍼지기 시작했다. 티베트인 2,000여 명이 달라이 라마의 여름 궁전 노부링카로 모여들기 시작했고 중국군이 이들을 강제 진압하면서 1만 5,000여 명이 사망했다. 달라이 라마는 일주일 후 포탈라궁을 빠져나와 인도로 망명했다.

1951년 티베트와 중국은 티베트가 중국에 속한 지역이라는 것을 인정하고 티베트의 외교권을 중국에 넘기는 대신 티베트의 자치권을 허락하는 이른바 '17개조 협의'에 서명했다.

그러나 8년 후인 1959년 중국 정부는 '민주 개혁'이라는 이름으로 달라이 라마 행정부를 폐지하고 티베트 라마교 사원의 재산을 국유화했으며, 종교 활동을 금지시키고 승려들의 환속을 강요했다.

그 결과 당시 2,771개였던 티베트 사원이 1976년엔 8개로 급감했으며 승려수도 11만 4,000여 명에서 800여 명으로 줄었다. 이들은

중국과 교황청이 주교 서품 문제를 놓고 갈등을 빚고 있는 가운데, 상하이 마다친 주교가 더 이상 중국 정부 산하 천주교 단체의 직책을 맡지 않겠다고 공개적으로 선언했다

모든 재산을 몰수당하면서 경제적 기반을 상실했고, 그 결과 사원을 중심으로 유지됐던 티베트의 전통 문화까지 해체되기 시작했다.

소수 민족을 한족화해 민족 대단결을 이루려는 중국 중화주의가 낳은 비극이었으며, 이러한 탄압은 오히려 민족과 사회 분열의 불씨로 남아 있다.

서양 종교라고 하는 기독교와 가톨릭 또한 중국 정부의 통제 대상이긴 마찬가지다. 로마 교황청과 중국 정부의 갈등은 이제 해묵은 논쟁이 돼 버렸다.

가톨릭은 로마 교황청이 세계 각국의 주교 등 종교직을 서품하지만 중국은 '자선자성自選自聖, 자국 내 주교는 스스로 임명한다'의 원칙에 따라 독자적으로 모든 가톨릭의 내부 문제를 관리하고 있다.

중국 정부는 정부 관할 하에 있는 '중국천주교애국회'만을 가톨릭

조직으로 인정하고 지도자 또한 중국 정부의 주도하에 선출한다.

교황청은 이 같은 이유로 중국과의 외교 관계를 단절하고 대만을 국가로 승인했으며, 중국 내 가톨릭 신자를 교황청 아래 둘 수 있어야 수교할 수 있다는 입장을 고수하고 있다.

기독교 또한 사정은 마찬가지다. 중국의 모든 교회는 '기독교삼자애국운동위원회'에 등록해야만 하며 가정 교회와 개척 교회는 모두 불법이다.

최근 산시성의 '횃불교회' 사건은 불법 교회에 대한 중국 정부의 단호한 입장을 보여 준 사례다.

어느 날 갑자기 들이닥친 400여 명의 경찰과 철거원이 성경을 압수하고 목사와 교회 지도자 5명을 연행해 갔으며, 이 종교인들에게 징역 3~7년을 선고했다. 이들의 구체적 죄목은 농지 불법 점용과 교통방해죄였다.

외국 교회도 중국 교회에 비해서는 자유롭지만 집회 장소를 일일이 허가받아야 하며, 중국인 대상 선교는 엄격히 금지돼 있다. 또 자체 건물 소유를 불허하고 있어 대부분이 호텔 등을 빌려 예배를 보고 있는 실정이다.

5

기로에 선 '혈맹 관계'

_ 중국에 북한은 무엇인가?

2010년 3월 일어난 천안함 사건을 두고 중국은 북한을 보편성에 기초한 '국가 대 국가' 관계로 설정할 것인지 아니면 특수성에 기초한 '혈맹'으로 대우할 것인지를 놓고 고심에 빠졌다. 이후 김정일 국방위원장이 사망하고 김정은 체제가 들어서면서 계속된 미사일 발사와 핵실험 가능성 등의 도발이 이어지면서 이런 고민은 더욱 깊어져가고 있다.

탈냉전 이후 '국가 대 국가' 관계로 북-중 관계를 인식해 오던 중국은 지난 2005년 후진타오 국가주석의 방북을 계기로 다시 혈맹 관계로 방향을 선회했다. 그러다 2006년 들어 북한의 잇단 미사일 발사와 핵실험으로 중국이 곤경에 처하면서 다시 '국가 대 국가' 관계로 돌아가야 한다는 주장이 거세게 일고 있다.

2009년 10월 원자바오 총리와 2010년 2월 왕자루이 대외연락부

사망한 김정일 전 국방위원장이 지난 2011년 5월 중국을 방문해 후진타오 중국 국가주석과 만났다

장의 방북으로 북한과 중국은 다시 혈맹 관계를 재확인했지만 '천안함 사건' '미사일 발사' 등으로 국제 사회의 압력에 부딪힌 중국은 또다시 북한과의 관계 설정을 두고 갈등하고 있다.

그러나 천안함 사건 등 일련의 도발에 대해 중국의 입장은 크게 변하지 않았다. 천안함 사건 이후 열린 캐나다 G20정상회담에서도 이명박 대통령의 '국제 공조' 요청에 후진타오 중국 국가주석은 '한반도의 안정'만을 강조하며 입장 차이만 재확인하는 데 그쳤다.

천안함 사건 이후 미국의 〈뉴스위크〉와 〈뉴욕타임스〉 등 서방 언론은 '천안함 조사 결과에 대해 유독 중국만이 중립을 지키는 것은 북한의 핵문제를 해결하고 한반도 평화를 구축하는 데 전혀 도움이 되지 않는다'며 중국의 분명한 입장 표명을 요구했다.

그러나 '다른 나라의 내정에 간섭하지 않는다'는 원칙을 고수하고 있는 중국은 북한에 어떠한 요구도 하지 않을 것이며, 동시에 미국과 일본, 한국이 북한에 가하는 제재에도 간여하지 않을 것이라는 게 전문가들의 분석이다. 설사 개입한다 하더라도 중국이 늘 말해 오던 것처럼 '한반도의 긴장과 갈등' 보다는 '평화 유지'를 중시하는 이른바 남·북간의 완충 지대로서의 역할을 해나갈 것이라는 게 중론이다.

그러나 중국의 이러한 보살핌에도 북한은 자국의 실리만을 찾고 있어 중국이 과연 이를 계속 묵과할지는 미지수이다.

지난 2006년 1월 김정일 국방위원장은 덩샤오핑의 남순 강화 경로를 따라 방중 일정을 짜면서 중국 측이 북한에 요구한 개혁 개방을 받아들이는 게 아니냐는 분석이 나왔었다.

중국은 북한의 경제가 발전한다면 핵실험과 같은 무리수는 두지 않을 것이라는 믿음에 근거해 '한반도 비핵화'와 '북한 체제의 안정'이라는 두 마리 토끼를 함께 잡기 위해 지속적으로 이를 요구해 왔다.

그러나 북한은 '스스로 만들어 낸 개방 정책'을 고수할 것이라며 300억 위안^{5조 3,000억 원}에 달하는 지원품만 가져갔다. 그것도 모자라 2006년 7월과 10월 두 차례에 걸쳐 다시 미사일과 핵실험을 강행하면서 국제 사회에서 중국의 입장을 더욱 난처하게 했다.

천안함 사태 이후 이뤄진 방중에서도 김 위원장은 난처해진 중국의 입장은 아랑곳하지 않고 나진·선봉 특구 개발에 대한 지원 등 경제적 원조만을 요구하고 돌아갔다고 외국 언론들은 전했다.

김정일 국방위원장 사후에는 상황이 더욱 심각해졌다. 중국 측이 수차례 고위급 인사를 평양에 파견하겠다는 뜻을 밝혔지만 북한 당국은 '때가 아니다'라며 받아들이지 않더니 중국의 만류에도 불구하고 미사일 발사를 강행했다.

이에 대해 국제 사회는 중국의 대북 영향력에 한계가 드러났고 이때문에 중국도 당혹스러운 상황이라고 분석했다.

그러나 최근 김정은 제1국방위원장은 '자본주의' 카드를 꺼내면서 중국에 경제 협력을 하자며 다시 손을 내밀고 있다. 2013년까지 북한 노동자 12만 명을 중국에 파견하기로 한 것이다. 말은 듣지 않으면서 경제 발전에 도움은 달라는 이야기다.

버릴 수 없는 북한 카드……
동북 3성 개발과 대만 독립

여러 난항에도 불구하고 중국이 북한을 버릴 수 없는 이유 중 하나는 동북 3성 개발 사업이 북한과 밀접한 관련을 갖고 있기 때문이다.

전문가들은 이 지역이 개발될 경우 북한의 나진항은 밖으로 나갈 길 없는 동북 지역의 외항 역할을 하게 될 것이며, 외국으로 나가는 수출품을 만드는 데 북한의 값싼 노동력이 이용될 것으로 보고 있다. 고 김정일 위원장의 방중 때 원자바오 총리가 직접 북-중 경협의 중요성을 언급한 것도 이 같은 연유에서다.

전문가들에 따르면 김 위원장의 방중 때 중국과 북한은 나진-선봉항, 청진항 개발 사업과 장지투 長吉圖, 장춘~지린~투먼 개방 등 동북3성 개발

중국과 북한 간 무역의 60% 이상이 단둥항을 통해 이뤄지고 있다

문제를 집중 논의했다. 아울러 접경 지역인 훈춘 산업 단지 건설과 신압록강 대교 건설 및 이를 통한 중국의 다롄, 단둥 지역을 묶는 경제권 형성 사업에 대해서도 깊숙한 논의가 있었다.

이 지역 북중 경협은 김정은 체제 이후 더욱 발전하는 모습이다. 특히 단둥과 훈춘이 양국 경협의 중심 지역으로 떠오르고 있다.

현재 중국의 대북한 수출 무역에서 약 60~70%에 달하는 화물이 단둥 항구를 통해 북한으로 들어간다. 공개된 자료에 따르면 2011년 중국과 북한의 무역액은 56억 2,000만 달러^{약 6조 7,440억 원}로 2010년 무역액인 34억 6,000만 달러^{약 4조 1,520억 원}에 비해 62.5%나 증가해 역대 최고 수준을 기록했다.

훈춘은 북중 경협의 신흥 거점으로 주목받고 있다. 옌볜 조선족 자치주에 속해 있는 훈춘은 북한과 두만강을 사이에 두고 국경을 맞대고 있으며, 2012년 중국 정부의 적극적인 지원을 받는 국제 합작 시범구를 착공했다. 또 최근 중국 당국이 취업 비자를 내준 북한 근로자 100여 명이 훈춘 인근 투먼에 있는 중국 기업에 시범적으로 채용된 바 있다.

훈춘과 북한 나진항을 잇는 53km의 도로 포장 및 개보수 공사도 2012년에는 끝날 것으로 보여 나진항 부두 사용권을 확보한 중국이 이 지역에 더욱 공을 들이고 있는 것으로 보인다.

중국이 북한을 감쌀 수밖에 없는 이유는 또 있다. 북한이 대만 독립을 억제하는 유효한 카드로 사용될 수 있기 때문이다.

지난 2006년 북한의 핵실험 이후 왕광야 유엔 주재 중국대사는 '핵실험을 강행한 북한은 누구로부터도 보호받지 못할 것이다. 대만 독립 방지에 유리한 카드인 북한의 전략적 위치를 재고해야 한다' 면서 북한이 대만의 독립을 막는 데 유효한 카드임을 직접적으로 시사한 바 있다.

특히, 대만이 미국으로부터 첨단 무기 구입을 지속하고 있어 북한이라는 협상 카드가 더욱더 중요하다. 대만을 우회적으로 지원하고 있는 미국을 흔들 수 있는 것이 북한 카드이기 때문이다.

part 06

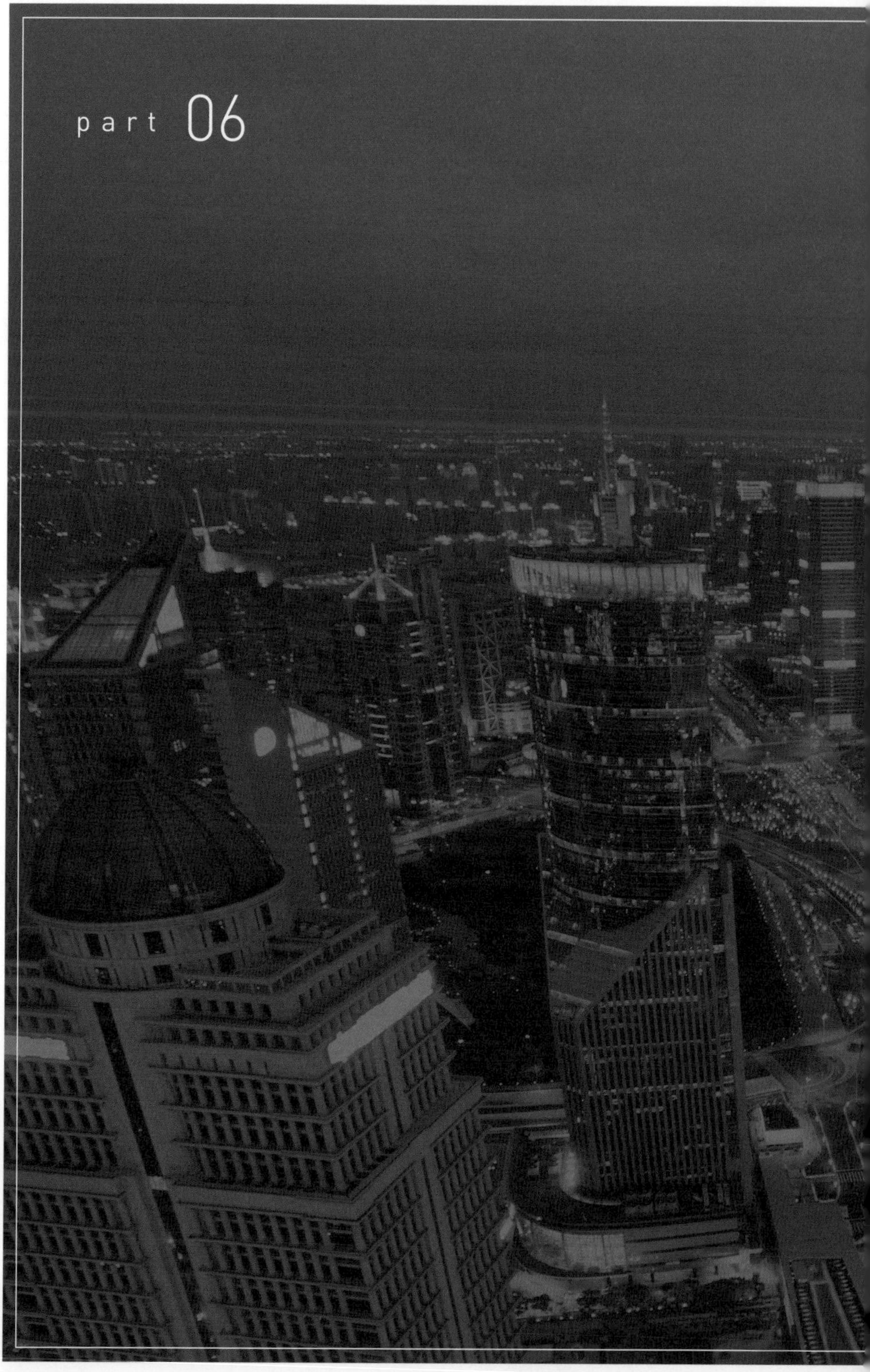

저력의
중국

_ G1을 향한 질주

1 모방을 넘어 창조 대국으로

_ 최첨단 산업 주도권 '미→일→중'

2011년 3월 19일 중국 사니중공업은 일본 도쿄전력 시미즈 마사타카 총재로부터 한 통의 편지를 받았다.

> 사니중공업이 콘크리트 펌프차를 무상으로 보내 준다는 소식을 들었습니다. 진심으로 감사드립니다. 되도록 빨리 차가 도착했으면 합니다. 귀사의 트럭이 꼭 필요합니다.

사니의 트럭은 2011년 일본 후쿠시마 원전 사고 당시 원전 4호기에 물을 주입해 열을 식히는 데 큰 도움을 줬다.

공급된 트럭은 62m 펌프가 부착된 콘크리트 펌프트럭이었는데 이 정도로 펌프가 긴 트럭은 흔치 않기 때문이다. 그러나 사니의 트럭을 본 일본인들은 고마운 마음과 더불어 씁쓸한 감정마저 추스려야 했다.

일본 후쿠시마 원전 사고 당시 원전 4호기에 물을 주입해 열을 식히는 데 쓰인 사니 중공업의 펌프트럭

사니는 과거 일본 제품을 흉내내 만들던 기업이기 때문이다. 그때는 제품의 질 차이도 엄청났을 때라 일본을 뛰어넘는 기업이 되리라곤 상상도 하지 못했다. 그러나 최근 사니는 한국과 일본 제품을 제치고 중국 시장서 굴착기 점유율 1위에 올랐다.

원래 중국 시장에서는 한국의 두산인프라코어와 현대중공업, 일본의 고마츠와 히타치가 50% 이상의 점유율을 차지했었다. 그러나 2011년부터 상황이 역전됐다.

이들 한·일 기업이 2007년 14~17%의 점유율에서 2011년 8~10%로 떨어진 반면, 사니는 같은 기간 2%대에서 11%대로 올라섰다.

'짝퉁'이라고 멸시의 눈으로 바라보던 중국 기업이 모방을 통해 습득한 기술력으로 스스로 일어서는 법을 배운 것이다.

아이패드의 짝퉁인 'APad'를 바라보는 시선 또한 사니의 사례와 다르지 않다.

APad는 아이패드와 비교하더라도 저장 공간 확장, 웹캠을 통해 화상 채팅, 대화면 기술 등 더 개방된 모습을 보여 준다. 음악과 사진, 이메일은 물론 GPS로 구글맵까지 지원되고 안드로이드 OS를 이용해 관련 앱을 이용할 수도 있다. 짝퉁은 말 그대로 가짜이기 때문에 불법이지만 기술력을 본 사람들은 놀라움을 금치 못했다.

중국의 토종 스마트폰 '샤오미'의 질주도 중국 자체 기술력으로 삼성과 애플의 제품과 당당히 맞서고 있다는 데 의미가 있다.

2010년 4월 설립된 샤오미는 지난해 8월 샤오미폰을 선보이며 온라인 예판을 시작했는데 첫회 판매량이 21만 5,000대에 달하는 등 전례 없는 기록을 세웠다.

샤오미가 개발한 운영 체제OS인 MIUI는 안드로이드와 애플의 iSO가 적절히 조화를 이루었다는 평가를 받았으며 중국 최초의 1.5GHz 듀얼 코어 스마트폰이자 1,999위안^{약 35만 7,000원}이란 파격적인 가격 때문에 주문을 감당 못해 잠시 판매를 중단하는 해프닝까지 벌어졌다.

일부에서는 중국이 이러한 모방을 통해 새로운 기술을 창조하고 있다고 말하고 있다. 중국의 짝퉁 현상을 선진국으로 가는 필연적 과정이라고 보는 것이다.

중국 공업화신식화부 양쉐산 부부장도 최근 '짝퉁 제품에 대한 단속은 계속해야겠지만 지적재산권 침해와 창조적 모방은 분리하겠다'며 이들 제품 속에 있는 창조적 가치가 보호돼야 한다고 강조했다.

중국의 짝퉁 문화가 국가 이미지를 훼손하고 있는 것은 변할 수 없는 사실이다. 그러나 순방향으로 작용해 기술력을 높이고 있는 것 또한 경쟁국 입장에서는 간과해서는 안 될 사실이다.

최첨단 산업 주도권 '일본에서 미국, 다시 중국으로'

2011년 중국이 미국과 일본을 제치고 세계 최다 특허 출원국이 됐다. '짝퉁 국가'로 '지적 재산권 침해 원흉'으로까지 불리던 중국이 산업 대국 미국과 일본을 밀어내고 특허 대국으로 발돋움하고 있다는 것은 시사하는 바가 크다. 중국이 모방을 뛰어넘어 기술력으로 세계를 지배할 날이 머지않았다는 이야기다.

특허권은 산업 주도권의 지표로 통하는데 2005년 일본이 42만 건으로 1위를 달린 뒤 2007년 미국에 자리를 내줬고, 2011년 중국이 다시 그 자리를 꿰차면서 최첨단 산업 주도권도 일본에서 미국, 다시 중국으로 옮겨지고 있는 상황이다.

특허 건수가 아니더라도 중국의 기술력 상승은 여러 차례 시장의 관심을 모았다. 특히 전자, 반도체 등 첨단 분야에서 변방을 자처하던 중국이 중심국으로의 이동을 서두르고 있다. 정부의 강력한 뒷배를 이용한 부분이 크다.

중국은 정부 육성책으로 이미 '반도체 설계^{팹리스}' 등 비메모리 분야에서 입지를 굳히고 있으며, 중국 팹리스인 스프레드트럼은 지난해 대비 95% 성장을 보이며 이 분야 세계 17위에 이름을 올렸다. 중국 정부가 보조금 지급, 국산 제품 사용 촉진 등을 통해 팹리스 산업을 집중 육성하고 있기 때문이다.

전자 분야도 위협적으로 성장했다. 2012년 들어 '레노버'는 중국 정보기술^{IT}업체 가운데 처음으로 인터넷 접속 기능이 들어 있는 스마트 TV 4종을 출시했다. 구글 안드로이드 운영 체제^{OS}를 사용하고 있고 유선 인터넷은 물론 와이파이와 3D 기능까지 갖췄다.

PC 분야에서도 레노버는 3분기와 4분기 연속으로 세계 PC 판매량 2위에 올라, 1위 HP와의 격차를 계속해서 좁혀 나가고 있다. 미국의 델과 일본 도시바를 제친 것은 이미 오래전 일이다.

애플과 삼성의 양강 구도로 굳혀지던 스마트폰 시장에서도 중국의 기세는 갈수록 거세지고 있다. 미국 경제 전문지 〈포브스〉에 따르면 2012년 1분기 전 세계 스마트폰 판매 순위에서 중국 '화웨이'는 5위, 'ZTE'는 7위를 각각 기록했다. 이들은 저가일 뿐 아니라 성능에서도 경쟁에 밀리지 않는다는 평가를 얻고 있다.

'화웨이'는 올해 초 첨단 소재인 아몰레드$^{능동형\ 유기\ 발광\ 다이오드}$를 탑재한 스마트폰을 선보이며 저가 시장에 이어 프리미엄 시장까지 공략하고 있다. 또 화웨이·ZTE 등이 공동 개발한 중국형 4세대 이동통신기술$^{TD-LTE}$은 ITU^{국제전기통신연합}가 국제 표준의 하나로 인정하면서 중국뿐만 아니라 러시아·인도 등으로 시장을 확대하는 추세다.

이는 중국 정부의 다양한 압박과 로비로 성사된 것이라 할 수 있다. 인도의 경우 우리나라가 세계 최초로 상용화한 와이브로를 채택해 4G 이동통신 서비스를 구축하려 했으나 중국 정부가 직접 나서서 TD-LTE로의 전환을 성사시켰다. 중국 내수 시장을 무시할 수 없기 때문에 이미 글로벌 통신 장비 업체들은 중국 토종 회사들과 손잡고 TD-LTE 기술에 참여하고 있다.

메이드 인 차이나의 반격······ '뿔난 왕서방들'

중국인들이 선진국 수입품들의 품질을 따지고 드는 경우도 늘어나고 있다. 특히, 불량 품질로 도마 위에 오른 몇몇 외국 브랜드 때문에 가전제품과 식품, 의류 등에서 중국 소비자들이 자국산 제품 구매로 눈을 돌리고 있다.

중국 국영 방송인 〈CC-TV〉는 최근 '소비자의 날'을 기념한 생방송 프로그램 〈3·15완후이〉를 보도하고 패스트푸드 체인점 맥도날드와 대형 할인점 까르푸를 사기 행위로 고발했다.

이 프로그램의 주된 내용은 맥도날드와 까르푸가 유통 기한이 지난 상품을 팔아 중국 소비자를 우롱했으며, 이에 따라 외국 브랜드에 대한 신뢰가 크게 떨어지고 있다는 것이다.

외국 브랜드에 대한 불신은 지난해 말 독일 전자업체 지멘스 리콜 사태와 대형 할인점 월마트 가짜 돼지고기, 방부제 코카콜라로부터 시작됐다.

지멘스의 경우 냉장고 문이 잘 닫히지 않는다는 소비자들의 의견

서비스에 불만을 품은 중국인들이 중국에 들어와 있는 독일 지멘스 회사 앞에서 냉장고를
망치로 부수는 퍼포먼스를 하고 있다

이 웨이보를 통해 지멘스 측에 전해졌지만, 지멘스는 소비자들에게 '문제없다'며 돈을 내고 수리 받을 것을 권했다. 이에 불만을 품은 일부 소비자들은 지멘스 회사 앞에서 해머로 냉장고를 부수는 시위를 벌였고, 이 사실이 언론에 크게 보도되면서 중국 내 외국 가전 브랜드의 입지가 크게 흔들리기 시작했다.

이와 동시에 중국 로컬 가전 브랜드가 품질을 향상시키고 유통망을 확보하면서 시장에서 주도적 지위를 확보하기 시작했고, 정부도 보조금 정책을 통해 자국 가전 브랜드에 힘을 실어 줬다.

에어컨의 경우 2012년 현재 로컬 브랜드 제품이 전체 시장의 80%를 차지하고 있으며 고급 냉장고, 3D TV도 점유율이 각각 60%, 65%에 달한다.

3D TV의 경우 2012년 1월 2일부터 8일까지 전국 230개 도시 소재 1,910개 매장의 3D TV 소매 판매량 상위 5위권 브랜드가 모두

로컬 브랜드였다.

월마트도 충칭지점에서 일반 돼지고기를 친환경 돼지고기로 속여 팔다 소비자들의 원성을 산 바 있으며, 코카콜라도 상하이 공장에서 생산된 콜라에서 방부제인 메칠파라벤이 검출되면서 곤욕을 치렀다.

자라, 나이키 등 해외 의류업체도 중국 소비자들의 외면을 받기는 마찬가지다. 문제는 현지 본사 제품과 중국 내 제품의 품질이 다르다는 데 있다.

자라는 지난 2009년 8월 이후 중국 내에서 7차례나 품질 부문 블랙리스트에 올랐으며 웨이보 등 인터넷을 통해 '자라의 품질은 지역에 따라 다르다'는 불만이 지속적으로 올라오고 있다.

나이키도 미국과 중국에서 동일한 이름의 제품을 출시했지만 중국 제품에는 에어쿠션을 1개, 미국 제품에는 2개를 넣어 여러 번 구설수에 올랐다.

2 커져 버린 중국 외교력

_ 경제의 힘으로 '이어도'까지

2012년 중미 전략경제대회를 앞두고 인권 변호사 천광청이 이슈로 떠올랐다.

천 변호사는 산둥 정부가 산아제한을 위해 주민들에게 낙태와 불임을 요구했다는 사실을 폭로해 4년간 복역했다. 이후 가택 연금 됐으나 최근 탈출에 성공해 미 대사관으로 피신했다.

이때부터 천 변호사 사건은 중미간 외교 이슈로 떠올랐다. 중국 입장에서는 그 전에 일어난 보시라이 전 충칭시 당서기 낙마 등 여러 가지 문제 때문에, 미국에서는 선거를 앞두고 있어 이 문제를 조용히 처리하길 바랐다.

이에 양국은 어렵게 합의해 천 변호사가 그의 의지에 따라 미 대사관을 떠나 중국으로 향했다고 발표했고, 사건이 급속히 봉합되는 듯했다.

중국 당국의 탄압을 피해 미국으로 건너간 시각장애인 인권 변호사 천광청

　그러나 그가 버락 오바마 대통령에게 미국으로의 망명을 호소하는 장면이 CNN을 통해 방영되면서 문제는 일파만파로 커졌다. 미국이 천 변호사의 안전을 보장하지 않은 상태에서 그를 중국으로 보냈다는 의혹이 불거지면서 미국은 난처한 입장이 됐고 이 문제를 놓고 재협상할 뜻을 내비쳤다.

　그러나 천 변호사의 신병이 중국으로 넘어가면서 칼자루를 쥐게 된 중국은 미국의 재협상 의지를 선전포고로 간주하고 맹공세를 퍼부었다.

　"주중 미 대사관이 비정상적인 방법으로 중국 공민인 천광청을 데리고 갔다."

　"내정 불간섭은 국제 관계 기본 원칙이다."

　"대사관 본연의 업무와 관계 되지 않은 일을 하지 마라."

이렇듯 강한 어조의 비난이 이어졌다. 중국의 맹공에 어쩔 줄 몰라 당황하는 미국의 모습은 세계 언론을 통해 그대로 전해졌고, 중국 외교력이 미국을 삼킨 모습으로 비쳐지게 됐다.

물론 천 변호사가 미국에 둥지를 틀면서 결국에는 중국이 양보했다는 인상을 주지만 중국이 이런 결정을 내린 데는 반정부 인사들을 억압하는 국가라는 오명을 어느 정도 탈피할 수 있다는 실리를 챙기기 위해서였다. 지난 1989년 톈안먼 사태 이후 미국으로 망명한 중국 천체물리학자 팡리즈 사건과는 분위기 자체가 달랐다는 것이 그 방증이다.

천광청이 미국에 도착하자마자 사태를 냉정하게 처리해 준 중국 정부에 감사의 말을 가장 먼저 한 것도 중국이 의도한 바를 얻었다는 증거가 되고 있다.

중국의 외교력을 보여 주는 사례는 이것뿐이 아니었다. 2011년에 이어 2012년까지 뜨거운 이슈가 되고 있는 센카쿠 열도^{중국명 댜오위다오} 사건도 중국이 희토류라는 자원을 무기로 일본을 외교적으로 굴복시킨 사례가 됐다.

중국과 일본 어선이 영유권 분쟁을 벌이고 있는 센카쿠^{댜오위다오} 열도에서 충돌을 일으켰고 일본이 중국어선 선장 잔치슝을 업무 집행 방해로 구속하면서 사건은 시작됐다.

중국은 선장의 석방을 요구했지만 일본이 이를 거부했고 중국은 일본 관광 축소, 도요타 자동차 등 일본 기업들의 불법 행위 조사 등 경제적 압박을 가했다.

가장 큰 압박은 역시 첨단 산업의 필수 소재인 희토류 금속의 대일 수출 금지 조치였다. 첨단 제품 수출로 먹고사는 일본에서 희토류 수입 금지는 경제의 몰락을 의미하는 충격적인 카드였다. 결국 일본 민주당은 외교력의 한계를 드러내며 백기를 들고 말았다.

이 일로 일본이 실효적으로 지배해 온 센카쿠^{다오위다오} 열도는 중국의 의도에 따라 국제적 분쟁 지역이 됐으며, 일본은 국제적 망신을 당하는 수모를 겪었다.

유럽연합^{EU}도 중국의 공격에 예외일 수 없었다. EU가 자국행 항공기에 탄소세 부과 방침을 고집하자 중국이 에어버스 구입을 미룬 것이다.

지난 2008년에 프랑스 사르코지 전 대통령도 비슷한 일을 당했다. 중국의 강력한 경고에도 사르코지가 달라이 라마를 만나자 중국이 에어버스 구매를 취소하며 경제력으로 압박했고, 다음해 프랑스는 '티베트는 중국땅'이라며 손을 들었다.

경제력을 바탕으로 한 중국의 외교력이 일본과 유럽, 미국을 넘어 명실상부한 1위 자리를 고수하며 빛을 발할 날이 얼마 남지 않은 것이다.

외교는 경제에
머리를 숙였다

중국인의 경제력을 바라보는 세계인들의 인식이 변하고 있다. 미국 조사 전문기관 퓨^{Pew} 리서치센터가 21개국 국민을 대상으로 조사한 결과, 조사 응답자의 42%는 중국, 36%는 미국을 경제력 1위 국가로 꼽았다. 2008년 조사에서는 미국이 45%, 중국이 22%로 미국을 1위 국가로 보는 인식이 확고했었다.

이 같은 인식 변화는 유럽에서 가장 뚜렷했다. 중국을 경제력 1위 국가로 답한 비율은 독일이 62%, 영국 58%, 프랑스 57%, 스페인 57% 등이다. 유럽 위기 때 중국이 유럽 국채를 사들이며 경제력을 과시했던 것이 중국에 대한 인상에 영향을 끼쳤던 것으로 보인다.

미국을 1위 국가로 꼽은 비율이 50%를 넘은 나라는 터키와 멕시코뿐이다. 미국인조차 1위 국가로 41%가 중국, 40%가 미국을 꼽았다. 실제로는 미국이 아직 명실상부한 경제력 1위 국가지만 최근 중국의 급부상을 반영한 결과라 볼 수 있다. 이 같은 변화는 중국이 외교력을 펼치는 데 있어서도 밑바탕으로 작용하고 있다.

자원도 협상력을 발휘하는 무기가 되고 있다. 가장 대표적인 것이 앞서 언급한 희토류로, 중국은 이를 무기로 세계 산업 성장의 발목을 잡고 있다.

2012년 희토류 수출 쿼터도 2010년 수준으로 동결했고 수출 가격은 중국 국내가에 비해 1.6배 높게 책정하고 있다. 희토류가 필요하면 중국으로 와서 공장을 짓고 사업을 하라는 식이다. 더욱이 하이

브리드 전기차나 에어컨에 쓰이는 디스프로슘^{희토류 원소의 하나}은 아예 생산까지 통제했다. 각국의 전기차 개발 경쟁까지 엮이면서 디스프로슘 가격은 2010년 말 대비 최고 100배 이상 올랐다.

중 '이어도 문제' 공격적 대응

중국의 외교력이 커지면서 우리가 걱정하는 부분은 역시 우리나라에 끼칠 영향이다. 특히 중국은 최근 이어도 대응에 공격적으로 나서고 있다.

〈인민일보〉의 자매지인 〈환구시보〉는 중국해양발전연구센터 위즈잉 연구원의 말을 인용해 '한국이 주장하는 '섬 해안선'은 영토 구획 지위에서 '대륙 해안선'에 훨씬 못 미친다'며 '효과가 거의 없거나 반밖에 효과를 내지 못한다'고 지적했다. 또 '중국이 주장하는 '대륙 해안선'이 국제관례의 원칙'이라고 강조했다. 이는 우리 정부가 주장하는 '근거리 우선 원칙'을 정면으로 반박한 것이다.

이어도는 마라도에서 149km^{80해리}, 중국의 천첸산에서 272km^{147해리} 떨어져 있으므로 지리적 관점에서 명백히 우리의 관할권에 속한다.

〈환구시보〉는 또 전날 '중국은 쑤엔자오^{이어도의 중국명} 문제를 확대할 생각이 없다. 하지만 한국이 사안 확대를 원한다면 끝까지 해볼 용의가 있다'며 협박에 가까운 사설을 내놓기도 했다.

홍콩 〈명보〉도 '중국 외교, 수비에서 공격으로'라는 사설을 통해

중국 인터넷에 이어도를 뜻하는 쑤엔자오를 검색하면 대부분 중국 쑤엔자오로 표시된 지도가 나온다

'중국의 외교 스타일에 큰 변화가 생겼다'며 '최근 한반도와 수단 문제 처리 방식에서 공격적 스타일이 드러났다'고 지적했다.

이어도와 댜오위다오^{일본명 센카쿠 열도}, 남중국해를 연결시켜 대응 전략을 구체적으로 짜야 한다는 주장도 중국 내에서 설득력을 얻고 있다.

중국 지린대학 국제정치학과 왕성 교수는 '한국의 고조된 민족주의 정서와 언론 보도로 이어도 문제가 불거졌다'며 '댜오위다오에서 얻은 교훈을 연구해 대응 전략을 짜야 한다'고 지적했다.

중국 공산당 중앙당교 국제전략연구소 소속 한반도 문제 전문가 장롄구이 교수도 '이어도 문제는 한중 양국 정부에 신경 쓰이는 문제'라며 '자칫 잘못하면 제2의 댜오위다오 문제로 커질 수 있다'고 밝혔다.

쑤팡 중국 국방대 교수도 '한국의 중국 해양 권익 침해를 막아야 한다' 라는 제목의 칼럼을 게재하고 '이어도 문제가 해양 영토 분쟁 가운데 아주 중요한 의미를 가진다' 고 지적했다. 그는 '쑤엔자오 해역은 아직 한국과 경계선 확정이 안 된 상태' 라며 '이에 대한 해결이 잘 안 될 경우 동중국해와 남중국해에 부정적인 영향을 끼칠 것' 이라고 얘기했다.

또 '장쑤성과 산둥성, 저장성의 어업 활동과 천연가스 문제뿐 아니라 한국과 미국이 쑤엔자오에서 우리의 해군 활동을 24시간 감시할 수 있는 것도 문제' 라면서 쑤엔자오가 전략적 요충지임을 간과해서는 안 된다고 강조했다.

중국이 이같이 공격적으로 나오는 이유는 돌아가는 판세가 중국에 불리하게 작용하고 있기 때문이다.

최근 국제해양법재판소의 해양 경계 판결에서는 대한민국에 유리한 판례가 나왔다. 국제해양법재판소는 방글라데시와 미얀마의 해양 분쟁에서 우리가 주장하는 '중간선 원칙' 에 손을 들어 줬다.

재판소는 당시 양국의 벵골만 해역 경계선을 결정하면서 '잠정적 등거리선^{이웃하는 두 국가의 연안을 따라 같은 거리에 있는 점을 연결한 선}을 그은 후 오목한 해안 지형과 같은 관련 사정을 고려해 조정하되, 200해리 이내 경계 획정에서는 퇴적층 같은 지질학적 요소가 고려되지 않는다' 고 결정했다.

이 판결을 적용하면 이어도는 한반도 최남단인 마라도에서 81해리^{약 149km}, 중국 최동단 퉁다오섬에서 133해리^{약 247km} 떨어져 있어 우리 해역에 속하게 된다.

3

야누스의 얼굴 '중화주의'

_ 동북공정 30년사와 우리의 대응

전 세계 미술 시장은 요즘 중국 열풍으로 뜨겁다. 중국 거부들이 미술품 경매 시장의 큰손 노릇을 하고 있어 중국 미술품의 고가 낙찰 행진이 이어지고 있기 때문이다.

중국 화단을 대표해 온 치바이스의 수묵화 〈송백고립도〉는 2011년 5월 베이징 경매에서 4억 2,550만 위안, 우리 돈 718억에 낙찰돼 중국 현대회화 사상 최고가 기록을 세웠다. 같은 해 쉬베이홍의 작품 〈구주무사악경운〉도 2억 6,680만 위안[약 476억 원]에 팔려 자신의 경매 최고가를 기록했다.

푸바오스의 〈모주석시의〉가 3억 위안[약 536억 원]에, 치바이스의 〈산수첩〉이 1억 9,400만 위안[약 346억 원]에, 장다첸의 〈연꽃과 중국 오리들〉도 1억 9,100만 홍콩달러[약 279억 원]에 주인을 찾아갔다.

총 낙찰액이 의미하는 최고 인기 작가에서도 장다첸이 피카소를

치바이스의 수묵화
〈송백고립도〉

누르고 1위를 차지했다. 피카소는 총 낙찰액 5억 달러^{약 5,678억 원}를 기록한 장다첸뿐 아니라 4억 4,500만 달러^{약 5,053억 원}를 기록한 치바이스에게도 밀려 14년 동안 지켜오던 1위 자리를 내줬다.

중국 미술의 이러한 인기는 중국이 세계의 중심이라는 중화주의와 맞물려 있다. 치바이스가 피카소보다 당연히 뛰어나야 한다는 게 그들의 생각이다.

지난 2010년 런던 베인브리지 경매에서 청나라 건륭제 때의 도자기가 익명의 중국인에게 약 915억에 팔린 사건은 청나라 말 국외로 반출된 문화재를 되찾겠다는 애국심이 가격을 천정부지로 올렸다는 보도까지 나왔다.

당시 도자기를 산 익명의 중국인은 바오리그룹 관계자로 알려져 있는데 중국 인민해방군 직영 기업으로 이전에도 홍콩 크리스티 경매와 뉴욕 크리스티 경매에서 해외로 밀반출된 중국의 골동품을 사들인 이력이 있다.

중국인들의 이 같은 노력은 중국 현대 작가들을 세계적인 작가 반열로 밀어올렸다. 1년 전까지만 해도 치바이스가 유일한 세계 10위권 내 중국 작가였는데 지금은 장다첸과 쉬베이홍, 푸바오스 등 4명이 포진하고 있다.

중화주의는 미술 시장에만 있는 것이 아니다. 교육 시장에서도 '공자학원'을 타고 전 세계에 중국어 교육 열풍이 불고 있다. 공자학원은 중국 교육부가 세계 각 나라의 대학과 교류해 중국의 문화나 언어 등의 교육과 전파를 위해 세워진 교육 기관이다. 지난 2004년 서울 강남에 '서울공자아카데미'라는 이름으로 처음 세워진 이후 2010년 10월까지 6년 동안 96개국에 700개 가까이 세워졌다.

또 후진타오 주석의 '세계에서 가장 훌륭한 중국어 교재를 만들라'는 지시에 따라 제작된 '창청한위' 중국어 프로그램이 전 세계로 보급되고 있다.

세계적으로 중국의 영향력이 급속도로 커지면서 번지는 반중국 정서와 중국 위협론을 불식시킬 수 있도록 세계 미디어 시장 패권을 장악하는 데도 중국 정부가 나서고 있다는 방증이다. 서방이 인식하는 그릇된 중국 이미지가 전 세계로 퍼져 가는 것을 막고 중국 문화를 전 세계에 알리는 도구인 미디어를 국제화하겠다는 의지의 반영이다.

중국 〈CC-TV〉는 올 연말까지 나이로비를 비롯한 아프리카에 14

개 지국을 세우고 중국 알리기에 나섰다. 미국에도 북미뉴스센터를 출범시켰으며 2015년까지 뉴스제작센터를 유럽과 아시아, 태평양 지역에도 설립한다는 계획이다.

관영 〈신화통신〉은 2011년 12월 중국판 CNN이라는 영어 뉴스 채널 CNC를 홍콩에 우회 상장시켰다. 또 1개국 1지사 방침에 따라 글로벌 취재망을 확대하는 작업을 본격화하고 있다. 〈인민일보〉도 해외 32개 지사를 운영하며 100개국에 신문을 발행하고 있다.

이 같은 조치는 세계 패권을 장악하기 위해서는 문화 소프트 파워를 강화해야 한다는 정부의 전략과 무관하지 않다. 이를 위해 중국 당국은 2009년 450억 위안^{약 8조 1,365억 원}을 배정한 데 이어 매년 500억 위안^{약 8조 9,390억 원}을 쏟아붓고 있다.

중화주의의 무서운 얼굴
…… 누구든 적이 될 수 있다

중화주의는 극우적 성향으로 번질 경우 누구든 적으로 만들 수 있는 위험한 방침이다.

지난 2003년 중국 시안의 시베이대학 중국 학생들이 같은 대학의 일본 유학생들을 구타하는 사건이 발생했다. 이유는 일본 학생들이 음란 퇴폐쇼를 벌였다는 것이었다. 중국 학생들은 기숙사 정문 유리창을 깨고 기숙사 3층에 있던 일본인 학생 3명을 찾아내 몽둥이로 구타했다. 이어 중국 대학생 1,000여 명과 노동자 등 3,000여 명이 시내 중심가로 몰려가 밤새

반일 시위를 벌였다.

격리 수용된 일본인 유학생들은 단순한 장기 자랑에 중국 학생들이 이처럼 격렬한 행동을 보이는 이유를 모르겠다는 반응이었다. 분위기를 띄우기 위해 브래지어를 던지는 등 다소 문제가 있는 행동을 벌이긴 했으나 학교 기물을 부수고 매질을 할 만큼의 과격한 행동은 없었다는 게 당시 목격자들의 주장이었다.

핵심은 당시 중국인들의 신경이 매우 날카로워져 있었다는 것이다. 이 사건이 있기 전 중국에서는 일본과 관련된 일련의 사건으로 반일 감정이 무르익고 있었다. 일본군이 남긴 독가스탄이 폭발해 사상자가 발생한 가운데 일본인들이 대규모 기생 파티를 열어 사회를 문란하게 했다는 것이었다.

이런 분위기에서 단순한 일본 유학생의 장기 자랑은 온 도시를 파괴할 만한 위력의 '중화민족주의'로 번졌다. 그 여파로 일본 유학생뿐 아니라 한국 유학생 등 외국인 유학생 모두에게 불똥이 튀었다.

같은 일은 최근에도 발생했다. 중국 저장성 타어중 소속 '저타이위언 32066'호 선주 옌커칭은 베이징의 방청법률사무소를 대리인으로 내세워 제주법원에 소송을 낸 것이다.

옌커칭은 제주도 인근 한국의 전속경제구역에서 조업하다 한국 해경에 의해 과도한 단속을 받았다며 앞으로 중국어민을 합리적으로 대우하도록 일깨우기 위해 소송을 제기했다고 밝혔다.

이들은 한국 해경이 2012년 1월 17일 제주도 이남 해역에서 사전 경고도 없이 배에 올라탔으며 야만적인 구타 행위로 3명이 실신했다고 주장했다. 또 48만 위안^{약 8,600만 원}의 담보금을 내고서야 제주도를 떠날 수 있었다고 증언했다.

중국 공산당 기관지인 〈인민일보〉와 자매지인 〈환구시보〉는 당시 사건에 대해 '중국어선이 한국 해경의 기습을 받았다'고 편파 보도했다. 또 이 배는 한국 정부가 발행한 어업 허가증이 있었음에도 한국 해경이 불법 조업으로 몰고 갔다고 전했다.

이에 자극을 받은 중국 네티즌들은 한국 해경을 막지 못한 자국 정부를 강하게 비난했다. 쟝펑쟝이라는 아이디를 쓰는 한 네티즌은 자신의 블로그에 '항모까지 제작한 대국 중국이 고기를 잡으러 나간 자국 인민 하나 보호하지 못한다'며 중국 정부를 강하게 비난했다.

그는 '우리의 가장 가까운 우방인 북한에 이어 한국 해경까지 우리 어민을 잡았다. 인구 2만의 팔라우에서는 우리 어민이 사망했고, 일본은 계속해서 댜오위댜오^{일본명 센카쿠 열도} 주변에서 우리 어민을 괴롭히고 있다. 교과서에는 1만 8,000km의 해안선이 있다는데 내가 본 중국에는 1km의 해안선도, 심지어 해양 권리도 없는 나라 같다'고 꼬집었다.

비난의 강도가 세지고 있는 것은 최근 중국에 또다시 외국인 혐오증과 민족주의가 기승을 부리고 있기 때문이다.

소송 전후로 한 영국인이 베이징 거리에서 중국 여성을 성추행하려던 동영상이 퍼지고, 러시아 남성이 기차 안에서 한 중국 여성을 희롱한 사건까지 겹치면서 중국 내 민족주의 정서와 외국인 혐오증이 극에 달해 있었다.

동북공정 ……
만리장성 길이 연장 파문

중국의 중화주의는 우리에게 직접적인 위협이 된다. 바로 동북공정 때문이다.

동북공정은 말 그대로 한국의 고조선사, 고구려사, 발해사 등 동북 지역의 역사를 중국의 역사로 편입시켜 미래 영토 분쟁을 차단하려는 중국의 역사 왜곡 작업이다.

이 공정은 중국 싱크탱크인 사회과학원이 주도하고 지린성과 랴오닝성, 헤이룽쟝성 등 동북 3성이 참여하고 있다. 이 작업은 1983년 사회과학원 산하 변강사지연구중심이 설립되면서부터 시작됐다. 그러다 2000년 후진타오 당시 국가 부주석이 사회과학원의 동북공정 연구 계획을 승인했고 2002년부터 본격적으로 시작됐다.

그러나 중국의 역사 왜곡에 대한 비난이 거세지자 한·중 양국은 2004년 8월 외교 차관 회동에서 고구려사 문제를 정치 쟁점화하지 않고 학술 연구에 맡기기로 구두 합의했다. 2007년 1월에도 동북공정의 107개 연구 과제 중 절반이 넘는 56개가 한국과 관련된 것으로 밝혀지면서 논란이 일자 노무현 대통령과 원자바오 총리는 서울에서 열린 한·중 정상회담에서 고대사 문제가 한·중 관계 발전에 걸림돌이 되지 않도록 노력하기로 약속했다.

그러나 이런 두 차례의 약속이 무색하게 중국은 계속해서 역사 왜

곡으로 영토 야욕을 부리고 있다. 가장 대표적인 것이 2011년 불거진 아리랑 유네스코 등재, 창바이산 방영, 2012년 만리장성 길이 연장 문제다.

중국은 2011년 6월 조선족의 민요와 풍습이 포함된 제3차 국가무형문화유산을 발표하면서 옌볜 조선족 자치주의 〈아리랑〉을 포함시켰다. 중국은 한국의 문화재청이 〈정선아리랑〉을 다른 〈아리랑〉과 함께 '아리랑'이라는 이름으로 신청하기로 하자 공동 신청 의사까지 내비친 것으로 알려졌다.

2011년 방영된 다큐멘터리 〈창바이산^{백두산의 중국 명칭}〉도 논란이 많다.
발해를 세운 주체가 중국 동북 지역에 살던 소수 민족이었으며 발해가 당나라 영토라는 내용이었다. 또 713년 당나라의 현종이 사신을 보내 대조영을 발해의 군왕으로 책봉했다고 주장했다. 대조영이 무릎을 꿇은 채 중국 사신에게 책봉을 받는 장면도 방송됐다.
이는 발해 건국의 주체가 고구려 유민이며 건국지도 백두산 기슭이 아니라 동모산^{지린성 둔화}이란 역사적 사실과 배치되는 내용이어서 국내에서 반발이 거셌다.

최근 중국이 만리장성의 길이를 두 배나 늘린 것도 장성판 동북공정으로 불릴 만하다. 중국은 지난 2006년부터 본격적으로 만리장성을 조사하기 시작했고, 2009년에는 만리장성 동쪽 끝을 압록강까지 확장했다. 서쪽 자위관에서 동쪽 산하이관까지였던 만리장성을 단

중국의 만리장성

둥 후산장성까지 2,500km를 더 늘린 것인데 문제는 후산장성이 고
구려가 쌓은 옛 박작성이라는 것이다.

이번에는 신장과 산둥은 물론 헤이룽장성 등지에서도 새로 유적들
이 발견됐다며 만리장성 길이를 2만 2,000여km나 늘렸다. 이는 중
국 북부 대부분 지역에 만리장성이 존재했다는 것이다.

중국의 주장은 기존 만리장성은 명나라 때 쌓거나 수리한 것이고
이번에 만리장성 길이가 늘어난 것은 진나라와 한나라는 물론 기타
왕조 때의 장성들까지 포함했다는 것이다. 이렇게 되면 중국 동북부
지방에 있는 고구려와 발해성은 중국 만리장성으로 둔갑되는 상황이
발생한다.

문제는 한국의 대응이다. 〈아리랑〉의 경우 2011년 6월초에 유네
스코에 신청했다. 2008년부터 한국에서 문제점으로 지적됐는데 대
응이 너무 늦었다는 비판이 있었다. 또 〈아리랑〉은 현행법에 막혀

국내에서는 무형문화재로 지정돼 있지도 않았다. 문제가 불거지자 부랴부랴 '아리랑페스티벌'도 열었지만 예산만 들어가는 일회성 행사라는 비판만 받았다.

만리장성의 경우도 마찬가지다. 정부 예산으로 운영되는 동북아 역사재단은 중국 정부가 역사 왜곡이나 동북공정을 하는 것이 아니라고 주장했다. 또 만리장성 연장 보도는 중국 국가 문물국이 공식 문서로 밝힌 게 아니기 때문에, 중국 측 인터넷 자료로만 사실 관계를 확인했다고 밝혔다.

동북공정에 대응하기 위해 국가 예산으로 운영되는 기관이 중국의 연구 동향을 인터넷으로만 파악한다는 건 말이 안 된다는 비난이 일고 있다.

야누스의 얼굴 '중화주의'…… 성숙한 대처로 장점 부각돼야

중국의 동북공정 때문에 한국인들에게 '중화'란 말의 어감은 일본의 '야스쿠니'가 풍기는 것만큼이나 고립적이고 배타적으로 들린다. 그러나 말만 다르지 어느 국가에나 이 같은 자문화 중심주의는 있다.

원론적인 말이 되겠지만 이 같은 자문화 중심주의는 자기 문화에 대한 자긍심을 높여 주고 집단 내 일체감을 강화시켜 사회 통합에 기여할 수 있는 측면이 분명히 있다.

중국 정부가 나서서 중화주의를 고취시키는 것은 커져 가는 빈부 격차로 인한 사회 불안, 실업 문제, 부정부패의 확산, 최근 보시라이 사건 등 국가 전체의 도덕성 추락을 상징하는 사건들의 확산을 막고 분열을 최소화할 수 있다는 장점 때문이다.

서구 또한 중국의 발전을 달갑지 않게 생각하고 있기 때문에 티베트 같은 소수 민족을 이용해 민족 분열을 의도하고 있다는 느낌이 없지 않다.

중국 입장에서는 이런 문제 또한 중화주의라는 사상 하나로 어느 정도 차단할 수 있다고 판단한 것이다. 잘만 이용하면 사회 안정에 기여할 수 있고 국민들의 자긍심을 고취시켜 앞서 언급한 부분처럼 긍정적인 방향으로 발전할 수 있기 때문이다. 그러나 잘못 사용될 경우 동북공정 문제처럼 국제 분쟁을 야기할 수 있어 양날의 칼이 될 수도 있다. 우리가 중화주의를 부정적 단어로 인식하는 것도 이 때문이다.

분명 자문화 중심주의는 야누스의 얼굴을 가지고 있다. 중국이 세계 초강대국 대열에 이름을 올린 만큼 중화주의도 한층 더 부드럽고 성숙해져야 세계인들로부터 공감을 이끌어 낼 수 있을 것이다.

4 중국, '위기 속 희망의 상징으로'

_ '세계의 공장'에서 '세계의 시장'으로

'짝퉁' '무질서'로 대변되던 중국의 이미지가 바뀌고 있다. 영국 〈BBC〉가 최근 전 세계 22개 국가 2만 4,000명의 주민을 대상으로 국가 선호도를 조사한 결과 '중국에 대해 긍정적인 이미지를 갖고 있다'고 대답한 사람이 2011년 46%에서 2012년 50%까지 뛰어올랐다. 일본과 독일, 캐나다, 영국에 이어 다섯 번째의 선호도를 기록한 것이다. 중국의 선호도가 상승한 데는 유럽과 미국이 경기 불황으로 불안정한 모습을 보이면서 '믿을 건 중국뿐'이라는 생각이 자리 잡은 까닭이다.

정부 차원의 대규모 투자 말고도 중국인이 지나간 자리에는 돈이 쏟아진다. 2011년 중국인이 유럽에서 구입한 명품 판매액수는 우리 돈으로 60조 원에 이른다. 매년 중국 부자들의 재산이 평균 20%씩 증가하고 있는 상황에서 품위 유지를 위한 명품 구입에 덩달아 돈을

중국 관광객들이 명품을 사기 위해 루이비통 매장 앞에 줄을 서 있다

쓰고 있기 때문이다.

또 중국은 사치품에 높은 관세를 매기고 있기 때문에 유럽에서 직접 명품을 구입하면 최대 40% 이상 싸게 살 수 있다. 이러한 이점은 한 명의 중국인이 대량으로 물품을 구매하는 패턴을 만들기도 했다.

한국 관광업계의 큰손도 미국과 일본에서 중국으로 바뀌고 있다. 2011년 통계에 따르면 중국인 한 명이 지출하는 관광 경비는 1,940 달러^{약 220만 원}인데 이는 일본인의 두 배 이상이며, 미국인보다도 500달러^{약 56만 7,000원} 이상 많은 수치다. 일본인이 식료품인 김을 여행 캐리어에 가득 채워 가는 반면 중국인은 명품 백을 손에 들고 가는 것만 봐도 알 수 있는 일이다.

중국인 스스로도 자신들이 세계 경제에 빛이 되고 있다고 자부한다. 관영 매체인 〈인민일보〉는 미국발 서브프라임 모기지와 그리스발 유럽 위기에 중국이 적절히 대응하면서 세계 경제를 이끄는 선동력이 됐다고 자화자찬했다.

중국은 지난 미국 금융 위기 때 가장 먼저 4조 위안$^{약\,720조\,원}$의 부양책을 실시하면서 3년 연속 9% 이상의 경제 성장률을 기록했다. 〈인민일보〉는 당시 아시아 국가들의 금융 위기 타격이 상대적으로 크지 않았던 것도 중국과의 무역에서 흑자를 기록했기 때문이라고 주장했다.

이번 유럽 위기에서도 중국의 역할은 컸다. 초기에는 원자바오 총리 등 지도부가 유럽을 방문해 그리스 등 위기 국가의 국채를 매입했다. 최근에는 대내적으로 다시 부양책을 쏟아내고 대외적으로 유럽에 직접적인 자금을 지원할 것으로 예상되면서 추락하고 있는 세계 경제에 구원의 손을 뻗치고 있다. 물론 '시장 경제 지위 인정' 등 유럽에 반대급부를 요구할 가능성이 크지만 발등에 불이 떨어진 유럽으로서는 중국이 고마울 따름이다.

이런 상황에서 중국의 세계 경제 기여도도 미국을 능가할 것으로 보인다. 국제통화기금^{IMF} 자료에 따르면 중국의 글로벌 경제 성장 기여도는 2003년 4.6%에서 2009년 14.5%로 훌쩍 뛰어올랐으며 2013년에는 31%까지 증가할 것으로 보인다.

중국 상무부 통계에 따르면 WTO 가입 이후 10년 동안 중국은 연평균 7,500억 달러$^{약\,851조\,원}$의 상품을 수입해 상대국에 1,400만 개의 신규 일자리를 창출했다. 또 중국에 투자한 기업의 투자 수익 규모는 총 2,617억 달러$^{약\,297조\,원}$로 연평균 30%의 성장세를 보였다. 해외 시장에 진출한 중국 기업도 약 80만 명의 현지인을 채용하고 매년 100억 달러$^{약\,11조\,3,500억\,원}$가 넘는 세금을 납부하는 것으로 조사됐다.

중국은 이제 국제적 위기를 발판으로 급부상한 글로벌 경제의 희망이 되고 있다.

세계의 시장······ '중국이 세계를 먹여 살린다'

2012년은 중국 경제에 있어 의미 있는 한 해였다. 지난 수년간 수출 중심 경제 체제를 내수 중심으로 전환하려 했던 노력이 결실을 맺었기 때문이다.

중국의 2012년도 경제 성장에서의 내수 기여도는 2008년 금융 위기 직후 20% 안팎에서 처음으로 51.6%를 기록해 50%를 돌파했다. 중국 경제의 대외 의존도를 낮추고 자생력을 기른 결과였다.

중국은 매년 900만 명 이상의 신규 취업자가 새로 생겨나기 때문에 대외 불확실성에 상관없이 8%의 경제 성장을 유지할 필요가 있다. 그런데 미국과 유럽의 경제 위기로 수출 감소에 따라 경제가 휘청거리자 경제 구조를 내수로 돌리는 변혁을 추진해 가시적인 성과를 거둔 것이다. 내수 성장의 징후는 곳곳에서 포착되고 있다.

중국은 2010년 처음 대외 무역에서 수입 금액이 독일을 제치고 세계 2위로 올라선 데 이어 2012년 수입은 1조 7,434억 달러^{약 1,980조 원}로 전년 대비 24.9% 급증하면서 2년 연속 세계 2위를 확고히 지킨 것으로 추정되고 있다.

중국의 '경제 수도' 상하이는 2011년에 무려 178억 6,000만 달

러약 20조 원의 무역 적자를 기록해 사상 최대를 기록했다

이 같은 대규모 적자는 앞으로 중국이 내수 중심으로 전환해 수출보다 수입이 더 늘어날 것임을 시사하는 것으로 분석된다.

세계의 공장……
어디로 이동하나?

중국이 세계의 공장에서 세계의 시장으로 탈바꿈하면서, 중국을 대신해 세계의 공장 역할을 할 나라를 찾아 글로벌 기업들이 바빠지고 있다.

우선 거론됐던 곳이 동남아였지만 지금은 동남아까지 중국발 임금 인상 여파가 미치고 있어 다른 대안을 찾아야 할 판이다.

중국에서 시작된 임금 인상 운동이 동남아시아로 퍼지면서 말레이시아 내각이 사상 처음 노동자들의 최저 임금을 규정한 법안을 승인했다. 최저 임금은 800링깃에서 900링깃약 29만 9,000원~33만 7,000원 수준이 될 것으로 보인다.

인도네시아도 최근 최저 임금이 20% 올랐다. 세계 최대 구리 금광 회사인 프리포트 맥모렌 코퍼앤드골드에서 일하는 노동자들이 임금 인상을 요구하며 파업에 돌입, 임금 인상 시위가 더욱 격렬해졌기 때문이다.

홍수 피해를 입은 타이도 내수 시장 활성화와 저소득 노동자층의 소득 증대를 위해 2012년 4월부터 방콕 등 7개 주요 도시에서 최저

중국 팍스콘 공장에서 일어난 연쇄 자살 사건으로 중국 내 노동자들의 임금 인상 물결이 시작됐다. 사진은 팍스콘 노동자들의 시위 현장

임금을 300바트^{약 1만 854원}로 40%가량 인상할 계획이다. 캄보디아와 스리랑카, 방글라데시, 필리핀도 상황은 비슷하다.

상황이 이렇게 되자 중국의 임금 인상으로 동남아로 공장을 옮긴 미국과 한국, 대만, 일본 기업들은 다시 생산 거점을 중동과 남미 지역으로 옮기려는 움직임을 보이고 있다.

중국에서 인도네시아와 베트남으로 공장을 옮긴 미국 차밍숍스의 최고경영자 앤소니 로마노는 '최근 급격한 임금 인상으로 면세 혜택을 받을 수 있는 이집트와 요르단으로 생산 거점을 옮겨 다변화할 계획을 세우고 있다'고 밝혔다.

인도네시아 경영자연합 소프얀 와난디 회장도 '정부가 임금 인상을 압박하자 외국 기업들이 공장을 해외로 옮기려 한다'고 우려를 표했다. 일부 기업에서는 임금 상승과 파업이 지속될 것으로 예상되자 공장을 자동화하고 근로자를 감축하는 방향으로 노선을 선회했다.

중국에 공장을 갖고 있는 브이테크홀딩스는 대당 12만 8,500달러^{약 1억 4,600만 원} 상당의 자동화 기계를 추가 구입할 계획이고, 닛산자동차는 광저우에 7억 3,200만 달러^{약 8,313억 원}를 들여 최첨단 자동화 설비를 건설할 계획이다. 팍스콘 역시 중국 북부 지역에 자동화 설비를 건설할 계획을 갖고 있다.

　한꺼번에 40%의 임금을 인상해야 하는 타이 기업은 파산 도미노 위기에 몰렸다. 이에 따라 타이고용주협회 7곳과 타이산업협회^{FTI}는 '급격한 임금 인상이 많은 기업에 부정적 영향을 미칠 것'이라면서 행정법원에 임금 인상 정책 철회를 요청하는 집단 소송을 제기하기로 했다.

　타이 통상산업고용주협회의 쁘라싯 쫑아사야쿤 회장은 '일부 기업체들이 임금 인상 정책 철회를 요청하는 소송을 제기했으나 법원 측이 실제 피해가 발생하지 않았다는 이유로 소송을 기각했다'며 '4월에 임금 인상이 단행된 뒤 소송을 제기할 것'이라고 밝혔다.

　타이 경영계는 '급격한 최저 임금 인상으로 기업 경쟁력이 떨어지고 일부 기업들이 인건비 상승을 우려해 타이 내 공장을 국외로 이전할 가능성이 있다'며 '최저 임금 인상 시기를 연기해야 한다'고 촉구하고 있다.

　또 '지난해 발생한 대홍수로 많은 기업이 큰 타격을 받은 점도 고려해야 한다'면서 '임금 인상이 강행되면 홍수 피해를 본 국내외 중소기업들이 파산할 수도 있다'고 경고했다.

5 세계 최강 중국의 우주 기술

_ '중국 위협론'으로 다가온 3대 핵심 전략은?

2011년 그야말로 경천동지할 일이 일어났다. 중국이 우주 로켓 분야에서 미국을 제친 것이다.

그 해 중국이 발사한 로켓은 19기로 러시아에 이어 세계에서 두 번째로 로켓을 많이 발사한 나라가 됐다. 같은 기간 미국이 발사한 로켓은 18기로 중국에 1기 뒤졌다. 중국은 2012년에도 21차례 로켓을 발사해 30기의 인공위성을 우주 공간에 쏘아 올릴 계획이며, 2015년까지는 100기를 예상하고 있다.

중국의 우주 사업은 기술적 성과뿐 아니라 효율성과 상업성에서도 최고 수준으로 평가되고 있다. 중국은 최근 로켓 1개로 2개의 GPS 위성을 발사하는 데 성공했다. 이 같은 기술에 성공한 국가는 미국과 인도 정도인데 중국은 이날 하나의 로켓으로 2개의 위성을 동시에 발하는 방식을 처음 시도해 성공한 것이다.

당시 중국 GPS 관리 판공실 관계자는 '로켓에 위성 2개를 고정해 쏘아 올린 다음 위성을 각각의 궤도에 진입시키는 기술 개발에 성공했다' 며 '이는 중국의 위성 기술이 한 단계 발전했음을 보여 준다' 고 설명했다. 중국은 앞으로 쏘아 올리는 GPS 위성도 이 같은 방식을 사용할 것이라고 강조했다. 이는 위성 발사 효율을 높임은 물론 비용도 상당히 줄일 수 있게 해주는 기술임을 부각시켰다.

중국은 지난 20년간 유인 우주 개발에 350억 위안^{약 6조 2,300억 원}을 들였는데 미국 나사의 1년 예산이 170~180억 달러^{19조 3,000억 원}임을 볼 때 미국 1년 예산의 3분의 1의 비용으로 미국과 맞먹는 기술력을 창조해 낸 것이다.

물론 나사의 경비가 미국 전체 우주 프로젝트라는 점을 감안하면 단순 비교 대상이 될 순 없겠지만 중국의 우주 개발이 낮은 인건비와 효율적 사용 능력으로 예산을 절약했다는 것은 명확한 사실이다.

기술적인 면에서도 상당한 성과를 보였다. 중국은 우주선 발사 성공률을 최근 10년 사이 94.4%까지 올렸다.

1992년 3단 유인 우주선 프로그램을 시작해 첫 우주인 탄생부터 도킹 성공까지 무서운 속도로 미국을 따라잡고 있다.

중국은 2011년 11월 선저우 8호의 도킹이 성공하면서 세계에서 세 번째로 도킹 기술을 보유한 국가가 됐는데, 이를 계기로 중국은 우주선의 대량 생산 단계에 진입하게 됐다.

중국은 앞으로 10년간 우주 정거장 실험 모듈과 우주선 20호가량을 쏘아 올릴 전망이다. 미래 우주 산업에 빅뱅이 몰아닥칠 조짐이다.

중국이 첫 우주 도킹에 성공한 선저우 8호

중국의 이 같은 우주 개발은 비단 중국의 국제적 위상을 과시하기 위한 것만은 아니다. 경제 산업적 측면에서도 큰 의의를 지닌다.

중국 유인 우주 공정 총설계사인 저우젠핑은 미국과 유럽 연구소의 연구 결과를 인용해 '1위안을 투자하면 7~12위안을 벌어들일 것'이라는 분석을 내놓았다.

중국 둥팡증권도 오는 2020년까지 10년간 중국의 우주 개발 사업 예산은 931억 달러[약 105조 원]인데 이를 통해 창출되는 간접적 경제 효과는 무려 1,862억 달러[약 211조 원]가 될 것이라고 내다봤다.

중국 언론도 중국 내 1,100여 종 신재료 중 80%가 우주 기술을 통해 연구 개발한 것이며, 2,000여 종의 우주 기술이 통신·방직·의료 등에 응용되고 있다고 보도했다.

과거 미국도 1960년대 아폴로호 달 탐사 과정에서 3,000여 개의 특허를 얻으며 첨단 기술 발전의 촉매제 역할을 했는데 중국이 노리는 것도 바로 이것이다.

특히 중국이 중점적으로 추진하는 중국판 GPS '베이더우'는 2012년 아태지역에 서비스를 시작하고 8년 후에는 전 세계로 그 영역을 넓힐 예정이다. 중국의 베이더우가 미국의 GPS를 대체할 경우 통신, 교통 운수, 인공지능, 농업, 기상 예보 등에서의 경제 수익은 천문학이라 계산조차 불가능하다.

중국 우주 기술 '우연이 아니다'…… 파격적 인재 정책

중국 우주 개발의 비약적 성공은 파격적 인재 정책 때문이라 해도 과언이 아니다

2012년 초 홍콩 과학자들 56명이 중국의 '863계획'에 합류했다. 863계획은 중국 덩샤오핑이 1986년 3월[863] 중국의 대표 과학자들을 만나 만든 '첨단 기술 연구 발전 계획'이다. 세계 수준을 따라잡기 위해 중국 첨단 기술 발전이 필요하다는 과학자들의 건의를 받아들인 것이다.

'핵심 분야에 역점을 둔다'는 방침 아래 생물공학, 항공 우주, 정보 기술, 레이저 기술, 자동화 기술, 에너지 기술과 신소재 등의 7개 영역에서 15년 내에 국제 수준을 따라잡자는 목표까지 세웠다.

이 계획 확정 후 중국은 미사일과 우주 개발 기술에 대규모 투자를 할 수 있게 됐고, 기술이 크게 성장할 수 있는 발판을 마련했다.

이런 863계획에 2012년 처음으로 본토 밖 과학자들이 합류한 것이

다. 기술이 외부로 알려지는 것을 극히 경계해 자국인만 채용하던 방침이 완화된 특별한 사례다. 기술 발전을 위해서는 인재를 가장 중시해야 한다는 최근의 방침이 그대로 녹아 있는 조치인 것이다.

중국의 우주 기술 발전이 인재 정책과 뗄 수 없는 관계라는 것은 첸쒜썬 박사의 귀국 과정을 통해서도 알 수 있다.

상하이 짜오통대학을 졸업한 첸 박사는 1935년 미국 매사추세츠공대MIT로 유학길에 올랐고, 1939년 박사학위를 취득하면서 MIT 공대 교수로 재직했다. 이후 미국 장거리 미사일 개발 계획에도 참여했다.

그러나 미연방수사국FBI에 의해 공산주의자로 몰려 구금되자 중국 군부는 첸 박사를 빼내오기 위해 한국전쟁 때의 미군 포로들에 대한 석방 조건까지 내걸었다. 첸 박사를 데리고 온 군부는 국방부 제5연구소를 설립하고 그를 중심으로 마오쩌둥, 덩샤오핑, 장쩌민, 후진타오 등 중국 지도자들이 추진해 온 우주 계획을 성공으로 이끌었다.

마오쩌둥이 눈을 감기 전에 첸 박사는 인민해방군에 의해 주도된 첫 인공위성 발사에 참여해 성공시키기도 했다. 이러한 인재 중시 정책은 현재 '천인계획' 을 통해 그 맥이 이어지고 있다.

2008년부터 시행된 천인계획은 중국계 해외 과학자들의 본국 회귀 프로젝트다. 중국은 1인당 100만 위안약 2억 원의 일시 격려금과 고액 연봉을 제시하고 해외에서 박사학위를 받은 1,000여 명을 중국으로 영입하려는 계획을 세우고 있다.

중앙 정부는 2008년 첫 해 122명으로 시작해 2년 만에 662명의 해외 인재를 불러들여 '국가특별전문가' 라는 호칭을 부여하고 과학뿐

'천인계획'에 의해 중국에 들어온 학자들의 창업 개막식

아니라 기업, 금융 등 주요 연구 기관과 대학에 인재를 투입했으며 실제 창업을 돕기도 했다.

이들에 대한 대우는 실로 파격적이다. 거액의 연봉과 스톡옵션, 주식뿐 아니라 의료, 양로, 상해 보험까지 가입해 주고 퇴직금 등 다른 복지 혜택도 제공했다. 가족들에게도 영구 거류증과 2~5년짜리 복수 비자를 주었을 뿐 아니라 생활비에서는 세금 공제 혜택까지 제공했다. 배우자의 일자리도 적극 알선하고, 자녀의 학교 문제를 해결해 주는 것은 기본이다.

최근에는 이민법까지 개정했다. 특히 캐나다와 호주가 이민자들에게 지원금을 45%와 20%로 크게 줄이는 사이, 중국은 혜택을 대폭 늘려 더 매력적으로 다가가고 있다.

우주시대의 강자 중국……
증폭되는 '중국 위협론'

중국의 이러한 우주 개발을 곱지 않은 시선으로 바라보는 사람들이 점점 늘고 있다.

한 나라가 다른 국가에게 통제 당하는 것을 원치 않는다면, 그 국가는 우주 과학 기술의 힘을 보여 주어야 한다.

우리는 걸프전을 통해 우주 과학 기술 장악이 전쟁의 승패에 결정적 영향을 미친다는 것을 알게 됐다. 중국이 유인 우주선 발사를 선포한 이후 각국은 중국이 이를 군사적 목적으로 이용할 것임을 의심하고 있지만, 평화를 유지하고 확보하기 위해 일정한 반격 능력을 갖추는 것은 필수 조건이다.

2003년 중국의 유인 우주선 선저우 5호가 발사되던 해 〈인민일보〉에는 이 같은 내용의 사설이 실렸다. 이것은 중국이 정치·경제·외교·과학과 더불어 군사력을 가장 중시하고 있으며, 군사력의 의미는 육·해·공을 넘어 우주까지 포함되고 있음을 보여 준다.

또 우주 개발의 의미는 경제적·평화적 이용을 넘어 안보에까지 사용될 수 있다는 것을 보여 주는 대목이다. 그간 중국은 표면적으로는 일관되게 '우주 기술의 평화적 이용'을 주장해 왔다.

클린턴 행정부 시절 미국 공군이 공격 무기와 방어 무기를 우주에 배치할 수 있도록 하는 내용의 보고서를 발표하자 궁취안 당시 중국 외교부 대변인은 '우주는 인류의 공동 재산으로 중국은 일관되게 우주의 평화적 이용을 통해 인류 복지를 향상시키자는 주장을 해왔다'며 미국의 우주 무기 배치를 맹비난하기도 했었다.

그러나 전문가들은 안보를 배제한 우주 개발은 없다고 너도 나도 입을 모은다. 중국의 우주 개발이 시작부터 군부에 의해 주도된 것이 그 방증이다.

앞서 말한 첸 박사가 미국에서 중국으로 돌아가는 과정을 봐도 그렇다. 첸 박사가 중국으로 돌아온 이후 1970년 4월 구소련의 배신과 미국의 압력 속에서 자체 기술로 개발한 동팡홍 1호를 발사한 것도 시기적으로 군사적 힘 겨루기와 관련이 있는 것으로 판단된다.

또 장쩌민 주석 시절 코소보 사태와 이라크, 아프가니스탄 전쟁을 보며 우주 경쟁력의 필요성을 절감한 군부는 이른바 '921공정'이라 불리는 유인 우주선 발사 계획을 수립했으며, 2003년 10월 마침내 선저우 5호의 발사와 무사 귀환에 성공한 것도 마찬가지 맥락이다.

당시 쫭펑안 우주과학기술그룹 책임자는 '중국 우주 개발의 목표는 우주 전쟁을 위한 무기 체계를 발전시키는 것'이라 주장했다.

중국 우주 전략 3대 핵심 ······ 커지는 중국 위협론

모두가 경계하는 중국 우주 전략의 핵심은 무엇일까.

중국은 지난 2007년 1월 탄도 미사일을 발사해 자국의 낡은 기상 위성 격추에 성공했다. 이로써 중국은 탄도 미사일로 정확하게 우주 공간의 위성을 요격할 수 있는 능력을 대내외에 과시했으며 이는 미국에 큰 위협을 가져다줬다. 만약 중국이 미국의 첩보 위성이나 정찰 위성을 파괴하면 전시 상황을 제대로 보고받을 수 없으며, 통신 위성을 파괴한다면 지휘 통제 경로가 상실되기 때문이다.

중국 우주 전략의 3대 핵심은 앞서 말한 위성 무기를 격추시킬 수 있는 '반위성 무기'와 '자체 위성항법시스템' '우주 군대'로 요약된다.

자체 위성항법시스템 베이더우^{北斗}도 지난 2000년 4개의 '베이더우 1호'를 발사했으며, 2007년부터는 '베이더우 2호'를 우주로 보내고 있다.

중국 시창^{西昌}위성발사센터 관련 담당자는 '2010년까지 10개의 베이더우 2호를 발사했으며 2015년까지는 35개의 위성으로 구성된 성좌를 건설해 전 세계의 위치 측정을 가능하게 할 것'이라고 밝혔다.

중국은 '베이더우 2호는 1호에 비해 전자 간섭과 공격을 효과적으로 피할 수 있으며 정확도가 높아지는 등 기술 수준이 절정에 달했다'고 자체 평가했다.

베이더우의 성공은 미국 GPS에 대항할 경쟁자의 등장을 뜻한다.

현재 중국은 미국의 GPS를 사용하고 있지만 전시 상황에서의 왜곡과 서비스 중단을 우려해 대대적인 투자로 자체 위성항법시스템을 구축하고 있는 것이다.

러시아와 EU에도 글로나스^{GLONASS}나 갈릴레오^{GALILEO}라는 자체 위성항법시스템이 있으나 재정 지원이 미미해 진전이 없는 상황이기 때문에 GPS의 유일한 경쟁자는 베이더우라 할 수 있다.

마지막으로 중국이 야심차게 준비하고 있는 것이 바로 '천군^{天軍}'이라고 하는 우주 군대의 창설이다.

중국은 2015년까지 육지와 바다, 우주를 포괄하는 군사용 정보 통신 체계를 구축하고, 2030년까지 위성 무기 시스템을 통해 우주 무기 체계를 요격할 수 있는 능력을 갖추려 하고 있다. 또 그 이후에는 우주에서 지상의 목표물을 직접 공격할 수 있는 우주 무기 체계를 완비해 완벽한 '우주 군대'를 만들려 한다.

이러한 중국의 체계적인 준비로 인해 '중국 위협론'이 지속적으로 거론되고 있는 것이다. 게다가 최근 쉬치량 중국 공군 사령관이 발표한 공격 및 방어 겸비형 전략 '쿵티엔이티^{空天一體}'는 우주에서의 군사 경쟁 의도를 공식적으로 밝힌 것으로 중국의 전략이 수동적 방어에서 능동적 방어로 옮겨 가고 있음을 보여 주고 있다.

'쿵티엔이티' 전략은 우주에까지 무기를 배치시키겠다는 것인데 특히 '우리 공군은 각종 안보 위협에 반격을 가할 수 있어야 하고 이는 보호에 그치지 않고 공격할 수도 있는 것'이라는 쉬 사령관의 발언은 적극적으로 우주 군비 경쟁에 나서겠다는 의지로 풀이된다.

일부 전문가들은 '중국이 소수 민족 문제와 소득 격차 문제 등 내부 화약고가 언제 터질지 모르는 상황에서 쉽게 주변국과의 복잡한 문제를 자초할 리 없다'며 중국의 군비 현대화로 인한 '중국 위협론'이 당장 시급한 문제는 아니라고 말하고 있다. 하지만 미국은 여전히 중국을 군사 경쟁, 우주 전쟁의 주요 라이벌로 생각하고 있다.

사진 출처

6. 수천억 원대 중국 부호들, 연이은 자살 _ 사채와 원저우 사태
  - http://epaper.wzsee.com/article.php?date=2011-07-06&id=13&id=88181
7. '대충대충' 문화가 만든 비극 _ 원자재 값 오르면 철근 대신 갈대 줄기?
  - http://www.taoangel.net/106.html
  - 출처=시나닷컴 마이크로블로그

Part 03 무소불위 문화대국으로의 비상

1. 세계가 주목하는 '버림받은 작가들' _ vs 중국이 환호하는 '세계적 작가들'
  - http://baike.baidu.com/view/2004.htm
  - http://baike.baidu.com/view/2830.htm
  - http://www.ntua.edu.tw/news/news_a1.aspx?insid=ans000000221245
  - http://tieba.baidu.com/f?kz=1127008988&fr=image_tieba
  - http://culture.china.com.cn/txt/2008-10/09/content_16588743.htm
2. 중국은 '모옌 신드롬' _ 노벨문학상 수상으로 연간 수입 350억 넘을 듯
  - http://ko.wikipedia.org/wiki/모옌
3. 중국 뮤지컬 '규모의 승리' _ 세계 3대 시장으로 급부상
  - http://www.jgospel.com/fashion-life/fashion-design/%E5%8D%B0%E8%B1%A1%E5%8
    A%89%E4%B8%89%E5%A7%90%E5%BC%A0%E8%89%BA%E8%B0%8B%E5%AF%BC%E6%
    BC%94,c36186.aspx
  - http://www.kxcex.com/deyu/readnews.asp?newsid=2209
  - http://www.chengdechina.com/index.php/cms/item-view-id-23527.shtml
4. 중국, 왜 미술계의 블루칩으로 떴나?
  - http://sznews.com/news/content/2008-05/26/content_2074348.htm
  - http://www.ionly.com.cn/nbo/auction/zuopin.aspx?id=4953
  - http://www.hudong.com/wiki/798%E5%B7%A5%E5%8E%82
5. 장이머우, '국민감독인가, 돈을 쫓는 사업가인가?'
  - http://www.zylz.net/zhichang/3167.html
  - http://www.iverycd.com/details/35517/
  - http://221.238.21.52/jiazk/
6. 천상천하 유아독존 '중국 스포츠'에 심한 견제구 _ '중국인은 결백하다'
  - http://baike.baidu.com/view/4514474.htm
  - 출처=〈CNN 뉴스〉 캡처

Part 04 인권 사각지대

1. 눈물의 대륙 _ 생살 떼어낸 아버지, 340km 걸어간 아들
  - 출처=엔자오완빠오
2. '극단적 이기주의' 어디까지? _ 임산부 배 갈라 아이 훔치려던 엽기녀
  - 출처=홍콩 원후이빠오
  - 출처=후동 캡처